Moje dziecko cz.I

Dorota Zawadzka
w rozmowach z Ireną A. Stanisławską

Moje dziecko cz. I

Jak mądrze kochać
i dobrze wychowywać swoje dziecko

Wydawnictwo Czarna Owca
Warszawa 2013

Redakcja
Grażyna Mastalerz

Korekta
Bogusława Jędrasik

Projekt okładki
Magda Kuc

Ilustracje
Mateusz Korczak

Skład i łamanie
Marcin Labus

Text © **Dorota Zawadzka, Irena A. Stanisławska**, 2009

Wydanie II

Wydawnictwo Czarna Owca Sp. z o.o.
(dawniej Jacek Santorski & Co Agencja Wydawnicza)
ul. Alzacka 15a, 03-972 Warszawa
e-mail: wydawnictwo@czarnaowca.pl
Dział handlowy: tel. (022) 616 29 36, 616 29 28
tel./fax (022) 433 51 51
Zapraszamy do naszego sklepu internetowego:
www.czarnaowca.pl

Druk i oprawa
Łódzkie Zakłady Graficzne
Książka została wydrukowana na papierze ALTO 90 g/m², vol. 1,5
dystrybuowanym przez:

91-202 Łódź, ul. Warecka 3A,
Tel. (42) 612 35 00, faks (42) 612 35 81
www.panta.com.pl

ISBN
978-83-7554-274-5

Spis treści

1. MOJE DZIECKO WISI PRZY PIERSI

Mój syn za miesiąc skończy trzy lata, a wciąż nie mogę go oduczyć ssania piersi. Nie zaśnie bez tego, a gdy się obudzi w nocy, to jedynie cycuś go uspokaja. W ciągu dnia też nie jest lepiej, bo gdy ma ma potrzebę, by zawisnąć mi przy piersi, NIC NIE POMAGA. Potrafi wydostać się z fotelika podczas jazdy samochodem i dobierać się do piersi, gdy ją prowadzę. Nie zawsze mogę natychmiast się zatrzymać, to naprawdę duży problem. Bardzo byśmy z mężem chcieli, by nasz syn wreszcie zapomniał o tym niemowlęcym barze mlecznym.

Porozmawiałam z matką tego dziecka. Czuje się bezsilna i jest przekonana, że nie może nic zrobić. Problem polega na tym, że jej najbliżsi, mąż, teściowa i mama, uważają, że to dobry sposób na wyciszenie dziecka. Lek na całe zło. Wobec tego dziecko całą noc jest przy piersi. W trakcie rozmowy stało się jasne, że ona sama nie jest gotowa na odstawienie malucha. Powiedziała na przykład: nie dałabym (piersi), ale żal mi dziecka, bo tak się denerwuje. Jak do mnie przychodzi w nocy, to nie odprowadzam do łóżka, tylko daję pierś, żeby spokojnie spał, żeby mąż mógł spokojnie spać. *De facto* ustępuje więc pod presją otoczenia i pomimo wyraźnego dyskomfortu trwa w tej sytuacji. Racjonalizuje to sobie samej i uzasadnia, przywołując nieprawdziwe argumenty,. Potrzeba mu oczywiście bliskości, kontaktu z matką, ale to nie musi być ssanie piersi. Nie musi to być kontakt WYŁĄCZNIE z mamą. Na dodatek ta cała otoczka społeczna, która tę kobietę wpędza w poczucie winy: jak ona w ogóle może chcieć, żeby to dziecko się usamodzielniło na tyle, żeby mogła na przykład bez niego wyjść. Nie może wyjść nigdzie. Przecież ona się go nie wyrzeka, tylko potrzebuje powietrza dla siebie, naładowania własnego akumulatora.

Wybrałam się do kilku pediatrów, aby się dowiedzieć, w jakim wieku, z medycznego punktu widzenia, należy zakończyć karmienie piersią. Okazało się, że mimo iż zalecenia WHO są jednoznaczne i nie zmieniają się od lat: do szóstego miesiąca wyłącznie piersią, szkół jest tyle, ilu pediatrów. Są tacy, którzy mówią rok, góra półtora. Są i tacy, którzy twierdzą: tak długo, jak dziecko potrzebuje. Rozmawiałam o tym z psychologiem, który mieszka w Nowej Zelandii. Tam dzieci idą do szkoły w wieku pięciu lat. Często się zdarza, że na dużej przerwie do szkoły przyjeżdża kilka matek, żeby dać swoim pociechom pierś. I nikt nie odważy się im powiedzieć, że to nie w porządku, ponieważ pediatrzy uważają, że należy dziecko karmić piersią tak długo, jak ono chce.

A jakie jest twoje zdanie?

Z psychologicznego punktu widzenia dobrze jest karmić piersią tylko przez rok. W momencie kiedy dziecko staje na nogi i zaczynają mu rosnąć ząbki, może zacząć odchodzić od matki, może się usamodzielniać, może sięgać po pokarm, może go gryźć. I to jest najlepszy moment, żeby karmienie piersią zakończyć. Potem to już uzależnianie dziecka i siebie samej od karmienia, które może być substytutem prawdziwej więzi z dzieckiem. To tak jakby matka nie chciała zakończyć okresu symbiozy z dzieckiem, czyli pierwszego roku, w którym dziecko nie odróżnia siebie od matki.

Tendencję do przedłużania karmienia w nieskończoność mają z reguły kobiety, które wychowują dziecko samotnie, które nie mają wsparcia partnerów. Dotyczy to zwłaszcza karmienia chłopców. Można powiedzieć, że wchodzą z nimi w pewien zmysłowy związek. I to jest obopólna przyjemność, potwierdzenie, że jesteśmy razem, że jest między nami nierozerwalna więź. A potem stają się nadopiekuńcze.

Spotkałam kilka samotnych matek, które w taki właśnie sposób traktują synów. Zauważyłam, że bardzo często jest tak, że dziecko nie chce już być karmione piersią, ale matka jeszcze nie jest gotowa, jeszcze jej się wydaje, że powinna. Kiedy w którymś momencie udaje się to karmienie zakończyć, matka tworzy chorą relację, w której dziecko traktowane jest jak dorosły, a ona staje się dzieckiem. „Powiedz mi, co mam zrobić na obiad", „Czy mogę teraz iść zrobić siusiu?" – pyta trzyletniego chłopca matka. Dziecko musi zdecydować, co matka ma na siebie założyć, co będą jeść, jakie będą robić zakupy, którym autobusem pojadą do parku. A dziecko nie ma pojęcia, o czym ona mówi.

Ten problem chyba nie dotyczy tylko samotnych matek. Moje znajome będące w stałych związkach zachowywały się podobnie.

Myślę, że dotyczy kobiet, które gdzieś po drodze pogubiły same siebie. Jedno z pierwszych pytań, jakie zadaję podczas rozmowy z matką, brzmi: „Czy pamiętasz swoje marzenia sprzed wyjścia za mąż? Czy pamiętasz siebie sprzed okresu, kiedy zostałaś matką? Czy widzisz tamtą kobietę?". Ona nic nie widzi. Czarna dziura. Ona jest tylko matką. Albo raczej aż matką, bo to najpiękniejsze co nam, kobietom, się w życiu zdarza. Ale jej nie starcza jestestwa na nic innego. Już nie jest córką, żoną, o kochance w ogóle zapomnijmy. Myśl o tym, że musi odstawić dziecko od piersi, oznacza, że w jakimś sensie przestanie być matką.

I wtedy już nikim nie będzie?

Właśnie tak. W związku z tym będzie nikim. Utraci siebie.

Tak więc nie ma co zrzucać winy na dziecko, że ciągle wisi przy piersi, tylko trzeba się zastanowić nad sobą.

Mówiłam już i powtórzę. Dziecko jest gotowe odpiąć się od piersi, kiedy zaczyna chodzić. I to jest najlepszy moment. Bo to stanięcie na nogach z punktu widzenia psychologicznego to pierwszy moment autonomii: teraz mogę pójść tam, gdzie chcę. Zaczynam się stawać odrębnym, niezależnym człowiekiem.

Powiedziałaś wcześniej, że należy to zrobić, kiedy dziecko kończy rok. To dotyczy i dziewczynek, i chłopców?

Tak. Na ogół zaczynamy chodzić około pierwszych urodzin. Statystyki mówią, że z reguły dziewczynki są odstawiane od piersi wcześniej. Syn staje się namiastką partnera. Zaspokaja niesłychanie ważną potrzebę każdego człowieka – kontaktu fizycznego. I to przedłużenie karmienia staje się bezpieczną formą, aprobowaną społecznie, a nawet medycznie, zaspokajania tej potrzeby.

Matce bardzo trudno poradzić sobie z sytuacją, kiedy śpi w łóżku między pięciolatkiem z jednej a wiszącym przy piersi trzylatkiem z drugiej strony, a mąż na materacu przy łóżku tylko czeka, żeby żona w końcu tych chłopców z łóżka wyprowadziła.

W żadnym wypadku nie wolno ojcu dopuścić do tego, żeby dzieci wyrzuciły go z łóżka. Bo gdy tak się stanie, odnoszą niesłychane zwycięstwo i zawłaszczają matkę.

I tak już zostaje?

Może tak zostać, ponieważ matka ma trudności z ponownym podjęciem roli kobiety, kochanki. Te dzieci są dla niej fortyfikacją. Powiedziałabym, że wymyśliła sobie bardzo dobry środek antykoncepcyjny.

Ale kiedy kobieta karmi piersią, w jej organizmie wytwarza się prolaktyna, która powoduje, że zmniejsza się ochota na seks.

To prawda, ale myślę, że kobieta może karmienie piersią stosować jako środek antykoncepcyjny świadomie. Często czuje się tak zagrożona perspektywą kolejnej ciąży, że obstawia się dziećmi, obstawia się tym karmieniem, wyrzuca męża z łóżka, żeby do niej nie doszło. To oczywiście może powodować poważne komplikacje w relacji z partnerem. Znam mnóstwo związków, w których w momencie pojawienia się pierwszego czy drugiego dziecka mężczyzna został na wiele lat całkowicie odstawiony od łóżka i nie sposób było tego przekroczyć.

Myślę, że tego typu kobieta nie ma ochoty na seks już dwadzieścia minut po stosunku, kiedy czuje, że zaszła w ciążę. Bo jest już zaspokojona. Będzie matką. Osiągnęła status społeczny wymyślony przez babki, prababki, ciotki. W związku z tym dostąpiła tego, co dla niej jest w życiu najważniejsze. Pracowałam z mamą, która miała trzy dziewczynki. Kiedy przestała sobie radzić z dwuletnią córką, która w tym wieku stała się w miarę samodzielna, urodziła następne dziecko i opiekowała się nim fantastycznie. Natomiast starszymi dziewczynkami w ogóle nie potrafiła się zająć. Podejrzewam, że gdy ta najmłodsza podrośnie, kobieta urodzi następne dziecko. Bo to potrafi. Wie, jak być matką niemowlęcia. Jest fantastyczna, opiekuńcza, czuła, cierpliwa. Ale tylko do pierwszych urodzin. Najpierw była fantastyczną „probówką", jak określił ten typ kobiet mój student, czyli rewelacyjnie spisywała się podczas ciąży – dbała o siebie, robiła badania, po czym urodziła dziecko i została „piersią".

Kiedy studiowałam psychologię, uważano, że karmienie piersią jest bardzo ważne, szczególnie ze względu na wartościowy pokarm, jaki dziecko otrzymuje. Potem zaczęto mówić, że tu nie tylko o pokarm chodzi, ale przede wszystkim o zaspokojenie najważniejszych potrzeb dziecka (jedzenie jest w tym wszystkim najmniej istotne). Dzieci, które nie są w stanie oderwać się od piersi, czy matki, które nie chcą rozstać się z dzieckiem, zachowują się tak dlatego, że chcą jak najdłużej utrzymać kontakt fizyczny, tę bliskość, która często przejawia się traktowaniem dużego dziecka jak dzidziusia: przytulaniem, głaskaniem, bujaniem, a która nie ma nic wspólnego z karmieniem. To tylko i wyłącznie zaspokajanie potrzeby dziecka, czasem wymyślonej przez matkę, ale najczęściej potrzeby matki: „Jestem mu potrzebna", myśli. No bo jak dziecko odchodzi od piersi, to już tak potrzebna nie jest.

To są te matki, które mówią, że najcudowniejszy był okres, kiedy karmiła piersią, kiedy dziecko było cały czas z nią. A potem jakieś dziwne się zrobiło: czegoś wymaga, trzeba się nim zająć, nie chce samo siedzieć w pokoju.

No dobrze, ale jaka jest na to rada? Powinny pójść do psychoterapeuty?

Myślę, że najważniejsza jest edukacja matek, ale przeraża mnie, że jeśli pytam kilku pediatrów, kiedy należy przestać karmić piersią, nie są w stanie odpowiedzieć.

Kiedy urodziłam pierwszego syna, byłam studentką trzeciego roku psychologii i wiedzę miałam raczej niewielką. Wtedy mówiono: karmić co trzy godziny. Jedyną książką na rynku, nawiasem mówiąc koszmarną, było „Dziecko" Benjamina Spocka. Tak więc w jednej ręce miałam książkę, w drugiej – dziecko. Syn płakał z głodu, a ja patrzyłam w napięciu na zegarek: jeszcze siedem minut! Nieważne, że mi się pokarm leje po brzuchu. Skoro w książce napisano „co trzy godziny", to znaczy, że tak ma być! Kiedy po czterech latach urodziłam następne dziecko, lansowana przez pediatrów koncepcja się zmieniła: karmimy na żądanie. Wszystko pięknie, ale nikt mi nie wytłumaczył, co „na żądanie" oznacza. No i mój syn leżał przy piersi całe noce, ponieważ bez przerwy krzyczał, a mnie się wydawało, że to z głodu. Dopiero po pięciu miesiącach zorientowałam się, że nie o pierś mu chodzi. Za to małego faceta napasłam tak, że miał sporą nadwagę. Byłam już wtedy panią psycholog i wydawałoby się, że powinnam coś na temat dzieci wiedzieć. Nieprawda. Miałam natomiast dziesiątki doradców, bo przychodziły koleżanki, ciocie i utwierdzały mnie w przekonaniu, że postępuję słusznie: „Bardzo dobrze. Zobacz, jak świetnie wygląda". Dlatego uważam, że powinno się matki edukować, robić dla nich programy telewizyjne, pisać książki, organizować kursy. Informacja o tym, jak karmić, powinna być wklejona w książeczkę zdrowia dziecka. Powinno się tego uczyć w liceach.

„Jak wychowywać dziecko"?

Nie. Jak być dorosłym, odpowiedzialnym. Bo zostać rodzicem jest bardzo łatwo. To czasem wpadka, nieuwaga, zdarzyło się i już. Niestety w Polsce psychologię rozwojową sprowadzono do poziomu rozważań o pieluchach, co jest o tyle przerażające, że opieka nad dzieckiem nie ogranicza się przecież do karmienia, wycierania pupy, czy mycia zębów. Ludzi powinno się uczyć, kim jest ten mały człowiek, który ma miesiąc, kim staje się, kiedy ma rok, jak zmieniają się jego potrzeby. „Co mogę dać swojemu dziecku oprócz piersi?". Takie powinno paść pytanie.

A jakie są konsekwencje zbyt długiego karmienia piersią? Czy te dzieci są później mniej zaradne i nie za bardzo mają ochotę w dojrzałym życiu od matki odejść?

Nie chodzi o to, że nie mają potencjału, że są niezaradne. Problem w tym, że relacja, która wytworzyła się na początku, jest cały czas powielana. One po prostu nie mogą podjąć żadnych działań, ponieważ z czasem pierś matki zastąpił jej płacz, awantury, lęk albo nadopiekuńczość. Z tych powodów dziecko często nie może nic zrobić. Dochodzi do absurdów: gdy facet ma czterdzieści lat i idzie na pierwszą randkę, jego matka prawie dostaje zawału serca.

Jeżeli chodzi o karmienie piersią, to uważam, że dzieci, które zostały zdrowo przeprowadzone przez tę część swojego życia, mają fantastyczną relację z matką. Dużo lepszą niż dzieci, które takiej symbiozy nie doświadczyły. Dlatego cieszy mnie, że matki chcą karmić piersią, że przestały się wstydzić karmić w miejscach publicznych, chociaż ja sama wolałabym robić to w miejscu, w którym raczej mi się nie przyglądają. To czynność intymna, wymagająca spokoju. Co prawda znam matki, które karmią piersią i równocześnie czytają albo rozmawiają przez telefon, lecz nie o takim karmieniu mówię.

Można też karmić i być z tego powodu wściekłą. W takim przypadku chyba nie możemy mówić o dobroczynnym wpływie karmienia piersią? Przecież dziecko te emocje odbiera.

Wtedy na szczęście biologia załatwia to za nas i kobieta bardzo szybko pokarm traci.

A można dobrze karmić butelką?

Można. Podstawową zaletą jest to, że mogą to robić zarówno kobiety, jak i mężczyźni. Ale oczywiście nic nie zastąpi karmienia piersią, ponieważ wtedy relacja matki i dziecka jest wyjątkowa, niepowtarzalna. Dzieci karmione butelką mogą się oczywiście bardzo dobrze rozwijać, natomiast więź z matką jest moim zdaniem silniejsza, gdy karmimy piersią. Pod jednym warunkiem – że robimy to zdrowo. Bo może być nadmiar piersi albo niedosyt. Dziecko, które ma niedosyt piersi, czyli po prostu niedosyt fizycznego, bezpiecznego, komfortowego kontaktu z matką w pierwszym roku życia, prawdopodobnie będzie miało w pewien sposób zaburzone poczucie bezpieczeństwa. Będzie jak gdyby czekało na tę matkę przez resztę życia, będzie jej szukało w innych kobietach. Chłopcy mogą później potrzebować kobiet głównie do tego, żeby zapewniały im poczucie bezpieczeństwa. Dziewczynki będą tego szukały u mężczyzn. A dostawanie piersi na żądanie zaowocuje w dorosłym życiu postawą roszczeniową: mnie się należy!

To ten obiad, który należy się panu domu? Który o niego nie prosi, lecz żąda?

Wszystko na żądanie. Jedzenie. Obecność. A głównie seks. Taka postawa wiąże się z tym, kiedy tej piersi było za mało. Jest jeszcze drugi wariant – kiedy było jej za dużo. Wtedy ten nadmiar zamienia się w czasami groźną tendencję do czysto manipulacyjnego traktowania drugiego człowieka jako źródła zaspokojenia własnych potrzeb. Nie możesz mi odmówić! Od tego jesteś!

Jakiej praktycznej rady możesz udzielić? W jaki sposób matka ma z tym przeciągającym się karmieniem skończyć?

Proponuję wykorzystać ważny moment w życiu dziecka. Pierwsze urodziny. Możemy wówczas przeprowadzić ceremonię rozstawania się z piersią. Zrobiłam to w jednym z odcinków *Superniani*. Pojechaliśmy do autorki listu, która spała w łóżku dosłownie obłożona pięciolatkiem z jednej i wiszącym przy piersi trzylatkiem z drugiej strony. Urządziliśmy bal. Chłopiec dostał pierś, a mama powiedziała mu, że to po raz ostatni. Przyjęcie pod hasłem „Cici pa, pa!" umieszczonym na wykonanym domowym sposobem plakacie. Tort i świeczki. Zaprosiliśmy zaprzyjaźnione dzieci i zabawa była na całego. Wszyscy jedli ze smakiem tort,

tylko jubilat nie chciał. Mama otrzymała ode mnie w prezencie body z golfem i rękawami, żeby malec nie mógł się dobrać do piersi, bo robił to w sklepie, u lekarza, nawet wtedy gdy prowadziła samochód. Body było zaporą nie do przeskoczenia, ale i tak próbował. Tłumaczyła mu, że się skończyło: przecież był bal, dostałeś tort. A on na to: „Ale ja nie jadłem!". Pojechaliśmy do nich po pół roku zobaczyć, co się u nich dzieje. Okazało się, że nie było z nim żadnych problemów. Już dwa dni po przyjęciu o piersi zapomniał, co znaczy ni mniej, ni więcej tyle, że był gotów, że już mu nie była potrzebna. Ślad jednak pozostał, bo od czasu balu nie je żadnych ciastek.

To świadczy o tym, jak dziecko potrafi pewne rzeczy ze sobą połączyć i jak niesamowicie trzeba przy nim uważać.

Oczywiście, że tak. Można odstawić dziecko od piersi na wiele sposobów. Choćby dwuetapowo. Najpierw rezygnujemy z karmienia piersią w ciągu dnia i, decydujemy, że dostaje pierś wieczorem lub w nocy. W ciągu dnia jesteśmy dla niego matką, czyli dajemy mu bliskość, ciepło, bawimy się z nim, rozmawiamy, czytamy, przytulamy. Ale piersi nie ma. Może dostać wieczorem. Myślę, że z tymi starszymi dziećmi, kiedy przegapiliśmy już najlepszy moment odstawienia od piersi, możemy tak właśnie zrobić. Pamiętajmy przy tym, by nie robić dziecku wody z mózgu: jednego dnia jeszcze pierś dostaje, a drugiego, bez żadnego wytłumaczenia, już nie. Niestety tak matki z reguły robią. Nie tłumaczą dlaczego, ponieważ uważają, że trzyletnie dziecko nie zrozumie. A ja uważam, że zrozumie nawet dwulatek. Nam się wydaje, że dzieci są głupsze, niż są w rzeczywistości. To chyba jeden z podstawowych czynników leżących u podstaw problemów z relacjami: niedocenianie mądrości dzieci.

Oczywiście jest to mądrość idąca trochę pokrętnie, swoimi drogami, ale uważam, że dziecku można wytłumaczyć wszystko. Chociażby powtarzając sto razy.

A można mówić trzylatkowi: „Jesteś już dużym chłopcem, duży chłopiec nie ssie piersi"?

Ja bym nie ryzykowała, ponieważ trzylatek to nie jest duży chłopiec. Myślę, że lepiej powiedzieć: jesteś mądry. Wytłumaczyć, że pierś ssą tylko małe dzidziusie. Mówienie dziecku, że jest już duże i coś w związku z tym powinno, może być dla niego bardzo trudne. Kiedyś pracowałam z rodziną, w której ojciec został wysłany na misję wojskową do byłej Jugosławii. Zostawił w domu z żoną pięciolatka i trzyletnie bliźniaczki. Wyjeżdżając, powiedział synowi: „Jesteś dużym chłopcem. Zajmuj się mamą". Kiedy spotkałam się z nimi, to była dosłownie tragedia. Chłopiec usiłował zachowywać się jak facet. W końcu jego tata powiedział: opiekuj się mamą. Poczuł się w związku z tym tak odpowiedzialny, że krzyczał na matkę, wydawał jej polecenia. Było mu z tym strasznie źle, zaczął się zachowywać agresywnie. Pojawiła się masa problemów wychowawczych. Zadzwoniliśmy do ojca. Rozmawiał z synem kilka razy, zdejmując z niego tę przytłaczającą odpowiedzialność. Dlatego właśnie mówienie dziecku: jesteś duży, mądry i wszystko potrafisz, niesie ze sobą niemałe ryzyko. Trzeba wiedzieć, kiedy tak można powiedzieć.
Wracając do karmienia piersią, lepiej oznajmić: „Przyszła pora pożegnać się z piersią". Poza tym można powiedzieć, że już dłużej nie mamy na takie karmienie ochoty. Taką poważną rozmowę można odbyć nawet z trzylatkiem. Ja bym się takich rozmów nie bała. Oczywiście dziecko może zadać pytania: Co

się z tym pokarmem dzieje? Czy już nigdy go nie dostanie? Trzeba mu spokojnie na wszystkie odpowiedzieć. Zdarzają się też takie sytuacje, gdy matka, będąc w ciąży, karmi dziecko piersią. Po porodzie z dnia na dzień odstawia starsze od piersi, która teraz jest tylko i wyłącznie dla nowego dzidziusia. Bo starsze nagle stało się za duże. To jest dla dziecka prawdziwy dramat.

Czasami kiedy rodzi się drugie dziecko i matka zaczyna je karmić, dziecko, które od dawna nie jest już karmione piersią, znowu nabiera ochoty na pierś. Wtedy trzeba mu w jakimś zakresie, zabawowo pozwolić: możesz chwilę pobawić się w dzidziusia. Raz czy dwa. I wtedy można mu powiedzieć: jesteś starszy, większy. Ty możesz z tatą zjeść schabowego i bigos. A ten mały nie. On może tylko pierś.

Dlaczego niektóre matki przeciągają karmienie piersią w nieskończoność? Przecież to utrudnia im życie.

Bardzo często źródłem takiego zachowania jest ich własne dzieciństwo. Cały czas noszą w sobie to niedokarmione, niedopieszczone małe dziecko, jakim podświadomie się czują. W takiej sytuacji dziecku jest strasznie trudno rozstać się z piersią, ponieważ podświadomie czuje, że matka tego kontaktu strasznie potrzebuje. A dziecko z miłości do matki zrobi wszystko. Tak jest w każdej relacji matki z dzieckiem. Znam dzieci, które nie pobiegną bawić się z rówieśnikami, chociaż widać, że bardzo by chciały, ponieważ muszą być z mamusią. Albo zjedzą coś, czego nie lubią tylko dlatego, żeby mamusi zrobić przyjemność. Dzieci to przede wszystkim ludzie. Chcą być kochane, doceniane, chcą być w centrum uwagi i zrobią wszystko, żeby tak było.

Dzieci po prostu zrobią wszystko, żeby ich rodzice czuli się lepiej. Troska o samopoczucie rodziców jest u dzieci niesłychanie ważna. I aby to osiągnąć, czasami podejmują bardzo dramatyczne decyzje. Dlatego z karmieniem piersią trzeba naprawdę bardzo uważać. Bo jeśli matka odprawi rytuał odstawienia od piersi, ale w środku będzie płakać, że tak naprawdę tego nie chce, dziecko natychmiast to wyczuje i nie będzie w stanie z piersi zrezygnować. Bo jak może wyrządzić krzywdę matce?

Czyli dzieci intuicyjnie czują o wiele więcej, niż nam się wydaje?

Oczywiście. Dziecko jest takim krzywym zwierciadłem, które odbija w wyolbrzymiony sposób nas samych. W ogóle matki żyją w przeświadczeniu, że robią dla dziecka jak najlepiej, i popełniają tak potworną ilość głupot! Kiedy zaczynam z nimi rozmawiać i uświadamiać, tłumaczyć, co robią, jaki to ma wpływ na nie, na dziecko i jaki będzie miało wpływ na ich relacje w przyszłości, to słyszę: Ja to robię? Niemożliwe! To naprawdę działa? Niemożliwe! Popełniają masę błędów wynikających z tego, że im się wydaje, że robią coś dla dobra dziecka: do dwunastego roku życia miksowanie jedzenia, pakowanie tornistra, sprzątanie pokoju, ubieranie, rozbieranie, kąpanie, oszukiwanie wszystkich dookoła w imię tego, żeby mieć dobrą relację z dzieckiem, udawanie przed partnerem, krycie dziecka za różne rzeczy, nieuczenie tego, że dziecko musi ponieść konsekwencje tego, co zrobiło: wylałeś sok na podłogę – musisz wytrzeć. Zaplamiłeś dywan – będziesz miał brudny. Obciąłeś rękawy od swetra – będziesz chodził z obciętymi. Zbiła się szklanka? To nie koniec świata, ale trzeba pozbierać. Skoro ty zbiłeś, to ty posprzątaj. Ja ci pomogę, pokażę, jak masz to zrobić, żeby się nie pokaleczyć. Na tym polega rola rodzica, nie na

chorym chronieniu dziecka przed każdym wpływem świata. Bo dziecko z tym światem w którymś momencie się zetknie i wtedy okaże się kaleką społeczną. Nie zdają sobie z tego sprawy te matki, które wszystko robią za dziecko i dla jego dobra. Dziecko stoi jak świeca, wygląda, jakby nagle ogarnął je paraliż rączek i nóżek, a mamusia na kolanach zakłada czapkę, szaliczek, rękawiczki. Dla dziecka! Szyneczka, dziesięć deko – dla dziecka! Ja mogę nie zjeść, ale żeby było dla dziecka! A po latach siadają przed dorosłym synem i z pretensjami w głosie mówią: Ja sobie żyły dla ciebie wypruwam, a ty tak mi się odwdzięczasz?! Nie wiem, czy to tylko Polki w ten sposób się zachowują. Ta nadopiekuńczość matek. Te dzieci hodowane trochę jak święte krowy. Uważam, że dzieci należy kochać i należy je rozpieszczać, bo od tego są. Tylko to musi być mądre rozpieszczanie. Rozpieszczanie, czyli dawanie tyle miłości, ile dziecko jest w stanie przyjąć, ani mniej, ani więcej. Z drugiej strony dziecko musi wiedzieć, co mu wolno, a czego nie wolno i dlaczego.

Chodzi o to, żeby odpowiadać na potrzeby rozwojowe dziecka, a nie na własne. Być wewnętrznie przygotowanym na to, że pewne sprawy będą się działy i dziać się powinny i że w momencie kiedy matka rodzi dziecko, tak naprawdę zaczyna się proces separacji. Same narodziny są pierwszym etapem oddzielenia. Potem będą następne. I one są naturalne i niezbędne. A matka musi wyrażać miłość w taki sposób, żeby i umożliwić separację, i dać wyraźny sygnał, że to dziecko jest kochane, wspierane, ale nie zawłaszczane, nie uzależniane, nie pozbawiane dzieciństwa. Zawsze mówiłam studentom: rodzi nam się dziecko i zaczynamy je wychowywać. Tworzymy bariery: normy, zakazy, nakazy, granice, reguły, wpuszczamy go w taki tunel bezpieczeństwa. Dopóki w nim jest, nic złego mu nie grozi. Ale nie może być tak, że korytarz jest przez całe życie jednakowej szerokości. Powinien się stopniowo rozszerzać. Dajemy dziecku coraz więcej i więcej swobód, możliwości samodzielnego decydowania, ale granice ma. Bo jeśli tunel będzie cały czas jednakowo wąski, to dziecku urosną rogi, żeby mogło go rozepchnąć. A jeśli tunel będzie coraz szerszy, rozwinie swobodnie skrzydła, z którymi każdy z nas przychodzi na świat. One pozwolą mu wyfrunąć w świat, stać się człowiekiem niezależnym, samodzielnym, myślącym.

2. MOJE DZIECKO NIE CHCE SPAĆ

E-MAIL

Nasza czteroletnia córeczka za nic nie da się wyprowadzić na noc z naszej sypialni. Absolutnie nie ma mowy, by zasnęła w swoim własnym łóżku. Nie chce i już. Zasypia więc u nas, ale to nie koniec problemów, bo gdy tylko mąż ją przeniesie do jej pokoju, budzi się i natychmiast wraca do nas z płaczem. Zwykle trwa to do późna w nocy i my w efekcie ustępujemy. Mąż śpi na kanapie w salonie, więc sama Pani rozumie, że sytuacja nie jest dla nas komfortowa. Nie wiemy, co zrobić, by nasze dziecko zasypiało i przesypiało noc w swym łóżeczku.

Problemy z zasypianiem to jeden z częstszych tematów matczynych próśb o radę i pomoc. Zacznijmy od tego, że czas poprzedzający bezpośrednio położenie dziecka do łóżeczka powinien w miarę możliwości wyglądać za każdym razem podobnie. Ja to nazywam rytuałem wieczornym. Rodzicielskie kłopoty na tym tle w zasadzie zaczynają się już wtedy, gdy dziecko jest noworodkiem. **Uważam, że kiedy rodzi się dziecko, gdy przychodzi do domu nowy domownik, od początku powinien mieć swoje miejsce do spania.** Wiele matek mówi, że śpią z dzieckiem, ponieważ karmią na żądanie, w związku z czym jest im wygodniej. Rozumiem taką motywację, ale zauważ, że nawet w szpitalu, gdy jesteśmy w jednym pokoju z noworodkiem, położne pilnują, by po nakarmieniu wrócił do swojego łóżeczka. Również w nocy. To bardzo ważne, aby dziecko od początku miało swoje prywatne miejsce w domu. Wtedy nie ma większego problemu, by je położyć wieczorem spać. Oczywiście jeśli to dziecięce miejsce nie jest jedynie symboliczne i nie jest tak, że nasz brzdąc nie ma nawet jednej okazji do wypróbowania swego łóżeczka.

Powiedziałam, że zasypianie nazywam rytuałem. Dlaczego? Z prostej przyczyny: przygotowania do snu zawsze muszą wyglądać tak samo. Skupiamy się na jednej czynności – na położeniu się do łóżka. Nie ma rozpraszaczy w postaci włączonego telewizora czy radia, pozostali domownicy nie biegają z kąta w kąt, to nie czas na krzyki czy kłótnie rodziców. To pora wyciszenia. Otula nas cisza, spokój, i wreszcie upragniony sen. To trzeba wprowadzać w miarę szybko. Już wówczas, gdy dziecko ma kilka tygodni czy najwyżej kilka miesięcy, nie zaś wtedy, gdy ma lat trzy lub pięć. Spotykam się bowiem często z przypadkami pięcio-, ośmio-, dziewięciolatków, które regularnie sypiają z rodzicami. Okupują małżeńskie łoże i ani myślą o taktycznym odwrocie do jakiegoś tam odludnego łóżeczka. Od razu zaznaczę, żeby to było jasne: nie mam absolutnie nic przeciwko temu, by dziecko od c z a s u d o c z a s u pojawiło się w łóżku rodziców. Gdy na małych bosych stópkach przydrepcze do nich w środku nocy obudzone przez zły sen. Nie przeszkadza mi to zupełnie, ponieważ nie ma nic piękniejszego, jak przytulić się wtedy do mamy i taty. Spokojnie zasnąć i obudzić się przy nich rano. Tak się może wydarzyć, ale to nie może się stać regułą. Absolutnie nie przyjmuję do wiadomości tłumaczeń matek, że: „Tak cudownie się śpi z dzieckiem, bo jest tak ciepło i jest się do kogo przytulić". Kobieto! Czy ty się słyszysz? Do przytulania w nocy służy partner (dowolnej płci) albo ewentualnie zwierz domowy (kot na przykład sprawdza się nieźle). W ostateczności polecam wizytę w domu rodzinnym i odnalezienie swojego starego pluszowego misia. Dziecko nie ma nam załatwiać poczucia ciepła i bezpieczeństwa w nocy. Nie może też być czymś zamiast, a dla niektórych mam jest.

Ale matka może myśleć, że noworodek był do tej pory w brzuchu, miał z nią cały czas kontakt, było mu cieplutko, milutko, a teraz? Czwarty dzień życia i ma zostać wrzucony do jakiegoś łóżeczka?!

Proszę cię! Przestań! A potem, kiedy będzie miał już osiem lat, to nie będzie już chodził za rękę do szkoły. A gdy skończy dwadzieścia dwa, to wyprowadzi się z domu! Środowisko podobne w odczuciu noworodka do wnętrza matczynego brzucha możemy w prosty sposób zasymulować. Gdy dziecko w swym łóżeczku leży opatulone w kocyk, jest mu ciasno, ciepło i bezpiecznie jak w brzuchu matki. Poza tym żadna normalna mama nie zostawi noworodka samego na dłużej niż pięć minut. Najczęściej godzinami wisimy nad jego łóżkiem. Albo głaszczemy, albo dotykamy...

Chyba żartujesz! Ja zostawiałam.

Te pięć minut to oczywiście przenośnia. Przecież karmiłaś dziecko, czyli musiałaś pojawiać się, co godzinę, co dwie, co trzy?

No tak, ale później wychodziłam z pokoju, żeby zająć się swoimi sprawami.

W porządku. Kiedy dziecko śpi, nie widzę powodów, dla których matka nie miałaby mieć normalnego życia. Oczywiście gdy płacze, jest zaniepokojone, marudzi, to trzeba się nim zająć; ale jeśli spokojnie leży czy śpi, nie widzę powodu, by musiało leżeć koło nas i czuć bicie naszego serca.

To od nas zależy, jak nasze dziecko wyregulujemy. Ja sama sobie strzeliłam w stopę, ponieważ w ostatnim okresie ciąży mój syn harcował w dzień, czego nie czułam w trakcie załatwiania codziennych obowiązków, natomiast wieczorem, gdy kładłam się spać, nie ruszał się. I od razu byłam zdenerwowana, że coś jest nie w porządku.

Nie pomyślałaś, że śpi?

Byłam młoda i wielu rzeczy nieświadoma. Oczywiście, że spał. Bo co miał robić w nocy, skoro był normalnym zdrowym facetem? Ale ja się niepokoiłam, że się nie rusza, w związku z czym to go popukałam, to tupnęłam nogą, i wtedy się budził. I tak do północy: tu go puknęłam, tu połaskotałam, tu coś powiedziałam, a on się wiercił, wiercił. Efekt był taki, że kiedy się urodził, marzyłam o tym, żeby zasnął o dwudziestej pierwszej, a on do północy był chętny ze mną rozmawiać, ponieważ go tego nauczyłam. Zmieniłam mu porę aktywności. Dzieci wszystkiego uczą się od rodziców.

Wracając do sytuacji, kiedy dziecko nie chce spać w swoim łóżku. To dla rodziców często bardzo poważny problem. Najczęściej rozwiązanie go jest szczególnie trudne dla matek. W ilu domach bym nie wyprowadzała dzieci z łóżka rodziców, to właśnie one, dzieci, zawsze szybciej i łatwiej niż rodzice akceptowały nową sytuację. Pracowałam z kobietą, która po ułożeniu sześciolatka w łóżku przesiadywała nad tym spokojnie śpiącym dzieckiem pół nocy, płacząc, że tak nieszczęśliwie śpi. Taki samotny! Kto tu był nieszczęśliwy i samotny? Odpowiedz sobie

sama. Z mojego punktu widzenia spanie dziecka w łóżku rodzica czy rodziców jest sytuacją zaburzającą relacje. Tak samo niewłaściwe jest kładzenie się dorosłego do łóżka dziecka. Na przykład gdy czytamy dziecku bajkę, powinniśmy siadać obok, a nie na jego łóżku.

Dlaczego?

Bo to jest łóżko dziecka.

To dlaczego dziecko może położyć się w łóżku dorosłego, a dorosły w łóżku dziecka nie?

Dlatego że łóżko, w którym śpi matka, jest swego rodzaju gniazdem, z którego dziecko wyszło (tak jak wcześniej wyszło z brzucha matki) i do którego może wrócić. Natomiast jeśli dorosły wchodzi do łóżka dziecka, to tak, jakby nagle wprowadziła się do ciebie teściowa. Uważam, że pisklę zawsze może wrócić do gniazda (poobijane, nieszczęśliwe), natomiast dorosły musi pozwolić mu na samodzielne życie. Poza tym z mojego punktu widzenia łóżeczka dzieci są przystanią, schronieniem, ostoją prywatności.

Oczywiście może się zdarzyć, że mama w ciągu dnia położy się obok dziecka i będzie mu czytać książkę lub zdrzemnie się na jego tapczanie, gdy ono bawi się na podłodze, ale absolutnie nie można doprowadzić do wykształcenia się takiego wieczornego rytuału, że matka zasypia razem z dzieckiem w jego łóżku. Wolałabym, szczerze mówiąc, aby nie robiła tego również w trakcie popołudniowej drzemki. A jeżeli już koniecznie chce w tym czasie położyć się koło dziecka, niech będzie to jej własne łóżko, a nie jego. W przeciwnym razie rezolutne dziecko może zapytać: „Skoro raz się u mnie położyłaś, to dlaczego nie kładziesz się u mnie zawsze?". Te wszystkie wieczorne rytuały są bardzo ważne. Ułatwiają prawidłowe położenie dziecka spać. Wiele matek już od godzin popołudniowych spina się wewnętrznie na myśl o czekającym je horrorze wieczornego zasypiania: bo dziecko będzie chciało siedzieć przed telewizorem, bo będzie płakać, bo będzie rozdrażnione. Krótko mówiąc: bo znowu będzie awantura. Znam domy, w których dzieci wieczorem oglądają po cztery, pięć godzin telewizję i zasypiają przy telewizorze.

A później zanosi się je do łóżeczka?

Nie. One mają telewizor w swoim pokoju!

Opowiadasz jakieś niestworzone historie! My z mężem od początku o określonej godzinie kładliśmy córkę do łóżka i wychodziliśmy z jej pokoju. Nie miała żadnych problemów z zasypianiem. Ale gdy opowiadałam o tym innym matkom, nie było takiej, która nie powiedziałaby z wyrzutem: „Jak tak możesz? Przecież to dziecko ma trzy tygodnie!".

Płakała?

Nie.

No to w czym problem?

W tym, że może się w nocy zakrztusić.

Dlatego bardzo ważne jest, żeby po wieczornym posiłku dziecko ponosić, aby odbiło mu się powietrze. Kiedy położymy je na materacu, bez żadnych poduszek, na brzuchu lub na boku (z podpartymi plecami, żeby się nie odwróciło), wtedy nawet jak mu się uleje, to i tak się nie zakrztusi. Poza tym dziecko może się zakrztusić chwilę po jedzeniu, ale raczej nie w środku nocy. Rzadko kiedy w nocy dzieje się coś nieprzewidzianego, ale przecież nie możesz stać nad dzieckiem dwadzieścia cztery godziny na dobę.

Wracając do wieczornego zasypiania: po spacerze przedwieczornym jest kąpiel, potem kolacja i spanie. Już po kilku dniach dziecko jest się w stanie do tego rytuału przyzwyczaić. Oczywiście na początku może protestować (wtedy polecam przeczytanie mądrych książek szczegółowo opisujących problem), natomiast zwykle po dwóch, trzech dniach już wie, że taka jest kolej rzeczy i musi spać. Wbrew pozorom położyć dziecko spać nie jest wcale trudno. Przede wszystkim trzeba to robić konsekwentnie i spokojnie, zawsze tak samo, bez lęku, że możemy coś zrobić źle. I podkreślam – dziecko powinno spędzić noc w swoim łóżku. A kiedy z niego wychodzi, trzeba je zaprowadzić z powrotem.

A możesz powiedzieć, jak to zrobić bez awantury?

Pewnie, że mogę, a nawet powiem. To naprawdę nie jest technika rakietowa. Najważniejsze, abyśmy zachowali spokój. Bo tylko on wraz z nieodzowną konsekwencją działania może nas, rodziców, uratować. Kładziemy po prostu dziecko do łóżka i zostajemy przy nim, lecz nie nawiązujemy kontaktu wzrokowego. Jeśli dziecko wstaje z łóżeczka, ponownie je kładziemy. Pracowałam kiedyś z mamą dwulatka, który co chwila wymyślał nowe preteksty, by wychodzić z łóżka. Chciał siusiu, pić, kupę, jeść, przytulić się, pogadać. Mama, pamiętając o moich zaleceniach, brała go wówczas na ręce i nie odzywając się, zanosiła do łóżeczka. Prawie dobrze, tyle tylko że zamiast spokojnie dziecko położyć, wykonywała serię czynności: poprawiała sześć poduszek, kładła na nie dziecko w określony sposób, nakrywała kołderką, zabierała misia, dokładała misia i dopiero wracała na swoje miejsce. Mija pięć minut. Dziecko znów się podnosi. Najpierw rozkopuje się w łóżku, rozwala metodycznie wszystko, co ona poukładała. Wreszcie wychodzi. Mama zanosi je z powrotem, układa z benedyktyńską dokładnością te sześć poduszek oraz misia. Dziecko tymczasem przekręca się w łóżku w drugą stronę. Ona nie może na to pozwolić, więc wstaje i układa głową na „podusiach". Pytam: „Po co to robisz?", na co ona: „Żeby spał w dobrą stronę". „A która strona jest dobra?", dociekam. „No, tam gdzie są poduszki!". Albo dokładnie przykrywa. I nie pomagają moje tłumaczenia, że dwulatek, gdy jest mu zimno, sam potrafi się przykryć. Pokazuję jej później, że dziecko się kręci, kręci, po czym ku zdziwieniu mamy samo sięga po kołdrę. Poduszkę też potrafi sobie ułożyć.

Inny przypadek: dziecko przed snem ustawia sobie sześć dinozaurów, przykrywa je poduszeczką, po czym się na niej kładzie. Podchodzi matka i mu te dinozaury zabiera. Pytam: „Dlaczego je zabierasz?". „Bo są twarde". Przecież to jego łóżko! Dlaczego nie może spać z ulubionymi zabawkami? A jeśli czujesz, że to dla niego niebezpieczne, to kiedy uśnie, postaw je przy łóżku, tak by po przebudzeniu je widział. Ale daj mu z nimi zasnąć. Być może dla niego to ważne. Może wymyślił sobie, że go przed czymś chronią?

Poruszyłaś ważną kwestię: co zrobić, gdy dziecko boi się samo spać?

Uważam, że nie ma żadnych przeciwwskazań, aby dziecku zostawiać na noc zapaloną lampkę. Jeśli się boi albo mamy wrażenie, że się boi, to niech ma zapalone światło. Zainwestujmy w energooszczędną żarówkę lub diodę, która również zużywa niewiele prądu. My naprawdę nie zdajemy sobie sprawy, co może myśleć dziecko, patrząc na sufit, na którym przesuwają się światła jadącego ulicą samochodu czy cienie gałęzi jabłonki w ogrodzie. A jak dojdą do tego jeszcze jakieś dźwięki! Dla dziecka te rzeczy bywają niebywale lękotwórcze. Ale na szczęście każde dziecko jest trochę inne: jedne należą do tych strachliwych, inne do odważnych. Każdy rodzic zna (tak zakładam) swojego malucha. Już u niemowlaka przecież widać, co lubi, czego się boi, co można przy nim robić, a czego nie. Podstawą jest przyglądanie się dziecku i wychwytywanie wszystkich sygnałów, które wysyła. Są dzieci, które lubią spać na brzuchu. Są też takie, które nie zasną inaczej niż na plecach. Jedne śpią na lewym boku, drugie – na prawym. Jedne lubią, gdy coś im gra, inne nie tolerują żadnych dźwięków.

A co sądzisz o wieczornym kołysaniu?

Moim zdaniem to koszmar. Najchętniej wsadziłabym te wszystkie mamy i babcie, które z takim zapałem kołyszą dziećmi, do huśtawki, która miałaby podobny przechył jak te bujane przez nie wózki, i popatrzyła, jak będą się czuły. Myślę, że po dwudziestu minutach takiego bujania by się porzygały. A już na pewno wyszły z bólem głowy!

Są też inne „rewolucyjne" pomysły matek. Na przykład: „Nasze dziecko zasypia tylko wtedy, gdy je przez cztery godziny wozimy samochodem po mieście". Ludzie! Przecież ono samo do tego samochodu nie wsiadło! To wy znaleźliście takie rozwiązanie! To wyście je tego nauczyli!

Wieczorem chyba należy dać dziecku trochę spokoju i odpoczynku? Również od nas.

Przede wszystkim to my musimy odpocząć. Ale matki są czujne jak zając pod miedzą. Dziecko przez sen miauknie, a my już się budzimy. Wobec tego żebyśmy mogły odpocząć, najlepiej spać w innym pokoju. A jeśli nie mamy takiej możliwości, to przynajmniej oddzielmy łóżeczko dziecka regałem czy szafą. Rozumiem, że matkom, które naczytały się o tak zwanej śmierci łóżeczkowej, trudno to od razu wytłumaczyć, ale można przecież zafundować sobie elektroniczną niańkę, dzięki której będąc w pokoju obok, usłyszymy, czy dziecko śpi, czy równo oddycha.

Ale co z tego, że nie siedzisz w pokoju dziecka, skoro jesteś uzależniona od niańki i cały czas nasłuchujesz, jakie głosy z niej dobiegają?

Czasem obecność elektronicznej niańki jest podyktowana wskazaniem lekarskim. Są też dzieci, które mają problemy z oddychaniem, które są wcześniakami, bądź takie, które cierpią na różnego rodzaju schorzenia.

Osobiście z dwojga złego wolę, żeby dziecko miało taką niańkę i matkę, która siedzi w drugim pokoju, niż matkę, która wchodzi co pięć minut i nad tym dzieckiem wisi albo leży koło niego i wpatruje się w parę na przykładanym do ust lusterku. Bo ona jednak mimo wszystko przy tej niańce może próbować przeczytać gazetę, może obejrzeć ulubiony serial albo przytulić się do męża. Obserwując zaś bez przerwy, czy dziecko równo oddycha, będzie się tylko spinała.

Tego typu wspomagacze przydają się matkom, które są nadopiekuńcze. Również tym wymagającym od siebie zbyt wiele. Niestety same stwarzamy sobie bardzo dużo problemów związanych z macierzyństwem – chcemy być przy tym wzorowymi matkami. To właśnie my musimy wszystko robić najlepiej, nasze dzieci muszą być najlepsze, najbardziej zadbane i wypielęgnowane. To wszystko powoduje, że w macierzyństwie potwornie się męczymy. Zatracamy większość z jego spontanicznej radości i szczęścia. Matki licytują się, jak długo śpi ich dziecko, w jakiej pozycji, w jakim łóżeczku. Ba! – nawet w jakim pokoju! Ten cały rytuał meblowania dziecięcego pokoju, który w gruncie rzeczy tak naprawdę urządzamy dla siebie! Umówmy się: dziecko, by zdrowo i szczęśliwie się rozwijać, nie musi mieć niebiesko-złotego pokoju, najdroższych lampek i łóżka za kilka tysięcy. Ono naprawdę może być radosne i bezpieczne, śpiąc w zwykłej szufladzie! Czy koszyku.

A jak jest z psychologicznego punktu widzenia? Czy pokój niemowlaka powinien być w miarę sterylny? Nie w sensie czystości tylko ilości bodźców.

Na początku tych bodźców nie powinno być zbyt dużo. Noworodkom, a nawet niemowlakom do szczęścia wiele nie potrzeba. Noworodek widzi na odległość dwudziestu centymetrów, dlatego w najbliższym otoczeniu potrzebuje minimum przedmiotów. Proponowałabym, aby tych grzechotek czy pajączków nie było zbyt dużo. Wraz z wyostrzaniem się wzroku ilość bodźców sukcesywnie zwiększamy, pamiętając przy tym, że w konkretnym wieku dziecko osiąga pewne umiejętności i potrzebuje takich a nie innych bodźców. Prywatnie zaś uważam, że rodzice często postępują na wyrost. Widuję domy, w których noworodki otoczone są zabawkami dla dwu-, trzylatków. I mają się nimi bawić, mają sobie z nimi radzić i z ich pomocą się edukować. Bo takie jest oczekiwanie rodziców! Zdziwieni pytają: „Dlaczego on w ogóle nie interesuje się tą zabawką?". A dlaczego miałby to robić, skoro to zabawka dla trzylatka? Jemu potrzebna jest prosta zabawka, która tylko szeleści. Taka, która jeśli mu spadnie na twarz, to nie złamie nosa. Pamiętam wizytę w domu, w którym tuż nad głową rodzice powiesili dziecku pozytywkę. Wyobraź sobie, że za każdym razem, kiedy się budzisz, widzisz nad głową coś wielkości koła od wozu. To coś na dodatek brzęczy i cały czas się rusza. A ty nic z tym nie możesz zrobić. Oprócz darcia się wniebogłosy, co dzieci czynią przy każdej nadarzającej się okazji. Murowana trauma! Jeśli już koniecznie rodzice chcą powiesić pozytywkę, to niech umieszczą ją gdzieś z boku. Musimy myśleć nie tylko o tym, że nad głową dziecka będzie wyglądała najlepiej.

A jak długo dziecko powinno spać?

Dziecko powinno spać długo, bowiem im dłużej spokojnie śpi, tym jest radośniejsze, bardziej wypoczęte, aktywne i otwarte w ciągu dnia. Ale tak naprawdę nie ma na to normy. Przynajmniej ja nie odważyłabym się powiedzieć, że dziecko w wieku dwóch lat powinno spać czternaście godzin, a w wieku trzech lat – dwanaście. Głównie dlatego, że dziecko, tak jak każdy człowiek, ma własne potrzeby. Oczywiście u małych dzieci ten nocny sen powinien być nieprzerwany i co najmniej sześciogodzinny, a potem dodatkowe dwie, trzy godziny snu w ciągu dnia. Jeszcze w wieku szkolnym dzieci powinny spać

od ośmiu do dziesięciu godzin, ale jest z tym różnie. Na przykład ja, będąc dzieckiem, zawsze mało spałam. Nie sypiałam w ciągu dnia, a mimo to mój organizm bardzo szybko się regenerował. Do dziś śpię około 5 godzin na dobę.

Rodzice uważają, że dziecko musi spać w ciągu dnia.

Są takie dzieci, które nie muszą. Wystarczy, że chwilę poleżą. Możemy położyć się z nimi na kocu, oprzeć nogi na ścianie i poczytać bajeczkę. To będzie dla dziecka wystarczająca regeneracja. A jeśli będzie zmęczone, to uśnie. Każda matka wie, że kiedy dziecko jest zmęczone, uśnie wszędzie: w tramwaju, w autobusie albo u znajomych pod stołem.

Dobrze jednak jest na przykład podsuwać dziecku pomysł, że teraz, po obiadku, robimy ciszę. Kładziemy się i albo słuchamy płyty, albo mama czyta bajkę, albo zamykamy oczy i po prostu leżymy, marząc o niebieskich migdałach. Trzeba między wierszami namawiać dziecko, przekonywać, że to mu dobrze zrobi. Namawiać czy też sugerować. A nie zmuszać. Dlaczego dzieci mają taki problem z położeniem się spać? Właśnie dlatego, że trzeba odłożyć na jakiś czas zabawki, trzeba rozstać się z rodzicami, dlatego że nic się nie dzieje, nie ma żadnych bodźców. Dlatego tak ważne jest nauczenie ich odpoczywania, relaksowania się, pokazanie, że o konkretnej godzinie kładziemy się spać. W moim domu o ósmej wieczorem zarządzałam Święty Czas Matki. Od tej godziny matki nie ma: „Jesteście po kąpieli, po dobranocce, po przeczytanej bajce, po wycałowaniu. Jesteście w swoim pokoju i was nie słyszę. Nie musicie spać. Możecie leżeć, możecie czytać, możecie gadać. Byleby było cicho, bo to jest już mój czas". Moi chłopcy chwilę porozmawiali, jeden poczytał. Wchodziłam – śpią. Taki to był nasz rytm od zawsze. Oczywiście w miarę jak rośli, ta godzina przesuwała się na dziewiątą, dziesiątą. Potem trzeba było wprowadzić kolejne zmiany, bo jeden syn jest starszy, drugi młodszy. Ale to przecież oczywiste, gdy dzieci dorastają. Rodzic musi być elastyczny.

Natomiast dobre zaśnięcie to również dobry sen. A dobry sen to zdrowie. O rany, co za odkrywcze myśli tu głoszę! No ale to szczera prawda, bo dzieci rosną w nocy (szczególnie kości długie), więc muszą mieć czas na regenerację. Dla naszego ogólnoludzkiego zdrowia psychicznego sen musi trwać kilka godzin, bez przerwy. Wszystkie fazy snu muszą mieć szansę zaistnieć, bo po prostu inaczej nasz mózg nie odpocznie. I dlatego najlepiej przyzwyczaić dziecko, by szło spać o stałej godzinie. Ale nie mam nic przeciwko temu, żeby czasami zdarzył się, jak ja to nazywam Dzień Dziecka, żeby nasza królewna czy królewicz, kiedy są goście, położyli się spać o dwudziestej trzeciej. Jeśli zdarza się to od wielkiego dzwonu, to nic złego się nie dzieje, ale na co dzień bym tego nie zalecała.

Przeraża mnie, gdy wchodzę do dziecięcego pokoju, a tam atmosfera jak w brazylijskiej dżungli, z temperaturą trzydzieści stopni. Mamusia nie otwiera okien, bo powpadają zarazki. Kompletnie nie rozumiem, dlaczego większość dzieci śpi w skarpetkach. Albo wytłumacz mi, dlaczego matki robią swoim facetom awanturę, że położyli dziecko spać w pidżamce założonej na lewą stronę!

Skarpetki mogę ci wytłumaczyć. Ja mam zimne stopy i gdy jest chłodno, śpię w skarpetkach.

I w związku z tym zakładasz, że twoja córka również ma zimne stopy?

Córce ani razu nie założyłam skarpetek, bo mi to nie przyszło do głowy. Była bardzo ruchliwym dzieckiem i gdy kładłam ją do łóżka, zawsze była cieplusia. To po co jej skarpetki?!

Dzieci, o których mówię też są cieplusie, a mamusie im zakładają.

Pewnie myślą, że skoro im jest zimno, to ich dzieciom również.

Ale to nie jest żadne wytłumaczenie! To odwieczny problem matek, które uważają, że dzieci są ich naturalnym przedłużeniem, że myślą tak samo, tak samo czują. Matka, która jest głodna, karmi swoje dziecko, matka, której jest ciepło, swoje dziecko rozbiera, a matka, której jest zimno, zakłada mu kolejne sweterki. Jeżeli matka coś lubi, to wydaje jej się, że lubi to też jej dziecko. Takich przykładów jest masa. My, kobiety, myślimy, że skoro nas dotknęła jakaś przypadłość, to naturalną koleją rzeczy nasze dziecko również jest na nią skazane. Nie zastanawiamy się, czy tak jest, czy nie. Mamusie, które przyprowadzają dziecko na casting do roli Czerwonego Kapturka, na pytanie: „Dlaczego pani chce, by dziecko zagrało tę rolę?", odpowiadają często: „Bo zawsze chciałam być aktorką!". Cały czas działa ten sam mechanizm. „Dlaczego pani śpi z dzieckiem? „Bo ja nie lubię spać sama". Nie mam pytań!

To ja cię zapytam. Jaka powinna być temperatura w dziecięcym pokoju?

W nocy góra osiemnaście stopni. Wtedy śpi się najlepiej. Dzieci naprawdę fenomenalnie regulują sobie temperaturę i nie należy się tego bać. Dziecko przegrzane to z reguły dziecko chorowite.

To jest ten słynny syndrom podkoszulka. Mamusia mówi: „Muszę mu założyć podkoszulek, bo będzie chory". I efekt jest taki, że zakłada dziecku podkoszulek, dziecko się poci, zaziębia i jest chore. I matka ma potwierdzenie swojej tezy: „Proszę, jaki chorowity!". Wiadomo, że chłopcom nie można przegrzewać jąder, więc muszą od pasa w dół mieć raczej chłodno. W ogóle zbyt wysoka temperatura źle wpływa na procesy myślowe. Najlepiej pracuje się w pomieszczeniu chłodnym.

Ale chciałam powiedzieć jeszcze o dzieciach, które potrzebują mało snu, czyli na przykład o dzieciach z ADHD. Jeśli dziecko w ciągu dnia nie śpi, w nocy budzi się co godzinę, a na dodatek lunatykuje, radziłabym poradzić się lekarza. Takie dziecko powinniśmy kłaść spać dość późno. Powinniśmy też zaobserwować, ile godzin nieprzerwanego snu potrzebuje. Jeżeli okazuje się, że śpi na przykład pięć godzin, musimy je kłaść spać tak, by było nam najwygodniej. To my musimy zdecydować, czy lepiej położyć je o dwudziestej trzeciej i wstać o szóstej, czy może o dwudziestej pierwszej i wstać przed drugą w nocy.

Są też oczywiście dzieci, które nie mają ADHD, a snu potrzebują mało. Nikt przecież nie obiecywał, że będzie łatwo.

Może od którejś godziny wieczorem dziecko nie powinno już oglądać telewizji?

Bajka na dobranoc i koniec. To bardzo dobry sposób. Telewizja bardzo pobudza wyobraźnię, ożywia, wywołuje natłok myśli. Atakuje nadmiarem bodźców. Żeby się wyciszyć po oglądaniu telewizji, dziecko potrzebuje co najmniej godziny. Nie może pójść spać bezpośrednio po bajce, bo nie zaśnie. Musi ją odreagować, przetrawić. I nie dziwmy się potem, że miewa złe sny. Mój syn obejrzał kiedyś w telewizji *Godzillę* i urządził w nocy histerię, bo ta filmowa Godzilla siedziała mu pod łóżkiem. Obejrzał film za późno. Gdyby zrobił to na przykład rano, miałby jeszcze szansę na ochłonięcie, przegadanie. Od tej pory filmy, które według mnie mogły być lękotwórcze, oglądaliśmy przed południem, żeby mieć cały dzień na wyhamowanie w głowie wszystkich procesów, które się uruchomiły. My, dorośli, na ogół nie zdajemy sobie sprawy z tego, jak barwnie i przestrzennie myślą dzieci.

Na co chciałabyś uczulić rodziców? Na przykład na to, że jeśli po południu idą z dzieckiem do znajomych, to mogą się spodziewać, że będzie problem z wieczornym zaśnięciem?

Każdy nowy bodziec może powodować w głowie dziecka zamieszanie. Jeśli są jego urodziny, przychodzą goście, to siłą rzeczy musimy założyć, że tego dnia będzie mniej posłuszne, bardziej marudne, gdy wszyscy wyjdą, i będzie miało problem z zaśnięciem. Bo ilość bodźców jest przeogromna. To tak jak my: idziemy do pracy, mamy ciężki dzień i wracamy z gonitwą myśli. Jesteśmy zmęczeni, padamy fizycznie, a głowa jeszcze nie chce zasnąć. Jeszcze myślimy. Tak samo mają dzieci. Tylko że my, dorośli, potrafimy sobie z tym poradzić. Dzieci nie. Każemy im spać, a one, ponieważ są zmęczone, zasną. Tyle tylko że w nocy będzie im się gotowało w głowach i rano obudzą się nie tylko niewypoczęte, lecz wręcz pobudzone. Dlatego uważam, że dzieciom do pewnego wieku należy bodźce dawkować z rozwagą. Jeżeli robimy Dzień Dziecka, to musimy pamiętać, że zapewniamy atrakcje rano, do południa, żeby po południu był czas spokojniejszy, na wyhamowanie.

Do jakiego wieku proponujesz tak postępować?

Na pewno do rozpoczęcia nauki szkolnej. Pamiętajmy też, by bardzo ostrożnie dawkować superatrakcje. Nie można dziecku jednego dnia zafundować zoo, basenu i wizyty u cioci Krysi.

Tylko żebyśmy nie popadły w obłęd, że przez siedem lat dzień w dzień, jak w zegarku, dziecko ma zawsze spać o dziewiętnastej!

Tak właśnie mamy robić! Mamy kłaść dziecko, może niekoniecznie akurat o dziewiętnastej, ale zawsze o tej samej godzinie. I nawet gdy jesteśmy na wakacjach, rytuał powinien być podobny: jemy kolację, myjemy się i idziemy spać. Kolejność musi być zachowana. Na pewno sama zauważyłaś, że jeśli zwykle kładłaś córkę mniej więcej o godzinie dwudziestej pierwszej, a miałaś gości i przegapiłaś ten moment, wtedy ona tak się nakręcała, że położenie jej spać o dwudziestej drugiej, dwudziestej trzeciej czy dwudziestej czwartej graniczyło z cudem. To tak jak dorosły, który przeczeka moment, w którym chce mu się spać. Jak to mówimy, wybije się ze snu. Potem usnąć jest ciężko.

Każdy z nas ma zegar biologiczny, dziecko też. Tylko że u dziecka jest on jeszcze niewyregulowany. W jego ustawieniu muszą pomóc rodzice. Jeśli dziecko jest przyzwyczajone, że o godzinie piętnastej zapada w popołudniową drzemkę, to nawet gdy już wyrasta z czasu spania, o tej godzinie ma spadek energii. Byłam kiedyś opiekunką kolonistów. W mojej grupie był chłopiec, który niezależnie od tego, co się działo, o godzinie dziewiętnastej mówił dobranoc, brał szczoteczkę, mył zęby i szedł spać. Bo po prostu jego biologia kazała mu tak robić. I my, rodzice, właśnie do tego chcemy doprowadzić.

Mówiąc o rytuale zasypiania, wspomniałaś o kąpieli. Mówi się: „Częste mycie skraca życie”. A matki cały czas swoje dzieci szorują…

Zapytałam pewną mamę: „Jaki powinien być trzylatek?". Wiesz, co odpowiedziała? „Czysty". Matki wiecznie przebierają, sterylizują, przecierają spirytusem, myją. Powtarzam wszem wobec: „Dzieci dzielą się na brudne i nieszczęśliwe". To znowu jest chory rozum mamuś, które przebierają dziecko dziesięć razy dziennie. Bo nie może mieć na ubranku najmniejszej plamki!

Ja też na początku codziennie myłam niemowlaka, bo tak mi powiedzieli w szpitalu. Ale później pomyślałam: „A gdzie ona miała się pobrudzić? Cały czas leży, nie jest gorąco, nie spociła się". I przestałam.

Kiedy w 1988 roku urodził się mój pierwszy syn, doktor powiedział: „Kąpać codziennie. Pachwiny przemywać spirytusem. A potem smarować kremem". Tak też robiłam. Po czterech latach urodził się drugi syn. I od pediatry usłyszałam: „Przez pierwszy miesiąc w ogóle nie kąpać, tylko myć pupę. Żadnego przecierania. Jak będzie gorąco, tylko przemyć pachwiny chłodną wodą i dobrze wysuszyć, żeby nie było odparzeń. Po miesiącu pierwsza kąpiel, bo chodzi o to, żeby te wszystkie przeciwciała, które pani z nim wydała na świat (nawet po urodzeniu nie został wykąpany), zostały wchłonięte przez organizm". Więc tak robiłam. I jeden syn, i drugi są zdrowi. Moje stanowisko jest takie, żeby niekoniecznie słuchać lekarzy, tylko samemu wyciągać wnioski. Kąpiemy dziecko wtedy, kiedy jest taka potrzeba. Jeśli dziecko uwielbia kąpiel, można fundować mu ją codziennie. Jeśli jej nienawidzi, można kąpać co drugi dzień, a w międzyczasie po prostu przemywać gąbką. Pracowałam w wielu domach, w których pięcioletnie dzieci po traumie kąpieli z wczesnego dzieciństwa pakowane były przez rodziców do wanny na siłę. Wyobrażasz sobie ten cowieczorny krzyk i rozpacz? Pytam: w imię czego? Bo ja rozumiem, że trzeba dbać o zęby i zewnętrzne narządy płciowe, natomiast nie widzę najmniejszego problemu, by dziecko czasem nie mogło położyć się spać z brudnymi stopami albo czarnymi kolanami.

Z całą pewnością większość dzieci lubi wodę. Lubią się w niej bawić, chlapać. Im nie robi różnicy, czy jest czysta, czy brudna, ciepła czy zimna. I należy im takie zabawy zapewniać. Tylko że jeśli od małego dziecko kojarzy wannę z płaczem, krzykiem matki, z szamponem, który szczypie w oczy, mydłem, które wchodzi do ust, ciągłym poganianiem: szybko, szybko!, to kąpiel nigdy nie będzie dla niego przyjemnością. A powinna. Powinna być czasem odprężenia i relaksu.

Tu chciałabym podkreślić słowo relaks. Jest dziecku potrzebny, by zdrowo funkcjonowało. Dlatego musimy nauczyć je, jak relaksować się w każdej sytuacji. Że odpoczywać można nie tylko w domu, we własnym łóżku, lecz wszędzie. Warto więc przyzwyczajać dziecko do spania w nietypowych miejscach: na ławce w parku, na kocu na trawie, na łóżku polowym na balkonie (oczywiście broń Boże w samochodzie, i to zamkniętym, na słońcu). Dzięki temu większa jest szansa, że nauczy się wykorzystywać na odpoczynek każdy dogodny moment, na przykład szkolną przerwę.

Myślę, że aby dobrze odpocząć, dziecko potrzebuje też odrobiny samotności.

Ależ oczywiście! Od kilku miesięcy jestem „matką" szczeniaka. Cały czas uczę się, jak mądrze go wychować. W związku z tym czytam sporo książek na ten temat. Dowiedziałam się, że jeśli pies idzie na swoje legowisko, to chce być dla właściciela

„niewidzialny". Wtedy nie powinno mu się przeszkadzać, zaczepiać, nawoływać. Bo pies daje sygnał: „Chcę być sam". A kiedy chce być z właścicielem, kładzie się obok niego. I każdy człowiek musi mieć takie miejsce i taki swój czas, by pobyć samemu, oswoić się z samym sobą. Zawsze powtarzam, że nudzą się tylko ludzie nudni, a żeby takimi nie być, musimy się sami siebie nauczyć. Jeżeli dziecko jest z matką dwadzieścia cztery godziny na dobę, budzi się z matką, zasypia z matką, ona cały czas nad nim wisi, to nie ma możliwości samopoznania, ponieważ nie ma takiego czasu, kiedy może zastanowić się, co ze swojego środka słyszy. Ono może tego jeszcze nie rozumieć, nie wiedzieć, co się z nim dzieje, ale powinno mieć szansę tego doświadczyć. A z drugiej strony powinno mieć szansę na ten temat z rodzicami porozmawiać.

3. MOJE DZIECKO NIE CHCE JEŚĆ

Mam olbrzymie kłopoty z moją córeczką Adelką, która ma trzy latka. Mam jeszcze dwoje dzieci: trzynastoletniego Marcina i dziewięciomiesięcznego Samuela. Moja dziewczynka jest bardzo ładna, ale bardzo mało je. Karmiłam ją piersią do osiemnastego miesiąca. Od szóstego miesiąca próbowałam dawać jej inne jedzenie: kaszki, jogurty, i tak dalej , ale odmawiała. Przerwałam karmienie piersią, bo myślałam, że córka zacznie wtedy jeść. Tak się jednak nie stało, nawet zwykłego mleka nie chciała. Udało mi się nauczyć ją jeść pieczywo, (chleb i bułeczki), masło, mleko, dżem porzeczkowy, twarożek, mandarynki, truskawki, zielony groszek, makaron, ryż, naleśniki, kaszę, pierogi z owocami. Nie chce jeść żadnego mięsa, sosów, zup ani ziemniaków. Nie daję jej dużo słodyczy, tylko wtedy, gdy już zje coś konkretnego. Jak zobaczy inne jedzenie, to zakrywa oczy i usta. Nie zje nawet ciasta, którego wcześniej nie poznała. Przez te trzy lata raz zjadła risotto i raz paprykarz. Kiedyś dostawała zupę z porzeczek, ale teraz nie chce i je tylko porzeczki. Kiedy chciałam, aby jadła to co my, to nic nie jadła przez trzy dni. Boję się o jej zdrowie, bo waży dwanaście kilogramów. Nie wiem, co dalej robić.

Problem ten w większości przypadków, z którymi się spotkałam, jest wyłącznie problemem matek. To one w bezmiarze macierzyńskich uczuć ubzdurały sobie, że ich maleństwo nie chce jeść. Nawet przy maksimum dobrej woli trudno doszukać się logiki w świadomej niechęci do odżywiania się. Do smakowania i sycenia się zapachem potraw. Dlaczego więc tak wiele mam uważa niejedzenie za największy problem? Rzeczywistość jest najczęściej taka, że ich dzieci nie chcą jeść produktów, które one im dają lub nie chcą jeść z taką częstotliwością i w tym czasie, w jakim serwują im posiłki. Te kobiety bardzo często nie są w stanie zrozumieć, że dziecko ma prawo do niejedzenia i że, tak jak każdy człowiek, może nie być głodne. To, że w jakiejś skądinąd mądrej książce napisano, że malutkie dziecko powinno jeść pięć razy dziennie, a w późniejszym okresie cztery razy dziennie, odnosi się do dziecka „teoretycznego". Przecież my, dorośli, też nie jesteśmy jednakowi. Niektórzy z nas budzą się rano głodni jak wilcy i natychmiast muszą zjeść śniadanie, inni zaś są w stanie coś przełknąć dopiero po dwunastej. Oczywiście dobrze jest, jeżeli rano stawiamy jedzenie na stół (aby śniadanie stało się rytuałem), ale trudno oczekiwać od dziecka, żeby rano jadło, jeżeli nie robią tego rodzice. Wtedy dziecko odbiera to w kategoriach niemiłego obowiązku, a w skrajnych przypadkach wręcz kary: dlaczego ma jeść, skoro ani starsza siostra, ani mama i tata nie jedzą?

Bo się śpieszą – wychodzą do pracy, do szkoły.

Rozumiem, że pracują, że jedzą w biegu – matki w otwartych drzwiach od kuchni, ojcowie zapinając paski od spodni. Ludzie coraz częściej nie mają czasu na ani jeden wspólnie zjedzony w ciągu dnia posiłek. Nie upieram się, że ma to być właśnie śniadanie. To może być kolacja albo obiad. Wiem, że czasy się zmieniły i trudno zgromadzić wszystkich domowników przy wspólnym stole, ale wystarczy minimum dobrych chęci. Oczywiście niezbędny jest do tego sam stół i tu muszę powiedzieć, że jestem przerażona: w wielu odwiedzanych przeze mnie domach coś takiego nie istnieje. Są ławy z fotelami przed telewizorem albo bufety z barowymi stołkami, ale stołu, przy którym rodzina może zjeść razem posiłek, nie ma. Są za to matki stawiające przed dzieckiem talerz i włączające przy tym telewizor. Same w tym czasie sprzątają albo zmęczone leżą na kanapie. Oczywiście nie mam pretensji, że matka jest zmęczona, bo ma do tego święte prawo. Ja nie akceptuję braku rytuałów związanych z jedzeniem, a głównie właśnie braku stołu. Centralne miejsce w mieszkaniach zajmuje telewizor, a na telewizorze jeść się nie da. A poza tym – zastraszająco szybko ginie tradycja wspólnego siadania do posiłków. Więc jak, na Boga, chcemy nauczyć dziecko, że jedzenie jest przyjemne, że jest to czas relaksu, czas wspólny dla całej rodziny, jeśli sami jemy oddzielnie, w biegu, po kątach, trzymając talerze na kolanach przed telewizorami? Jeśli karmimy małe dziecko, sami również zróbmy sobie cokolwiek do zjedzenia. Niech dziecko widzi, że spożywanie posiłku jest również sytuacją społeczną. Przecież przy rodzinnych stołach dzieją się najważniejsze rzeczy, toczą się niezapomniane rozmowy. Nie bez powodu jeśli do jakiegoś kraju przyjeżdża gość z dyplomatyczną wizytą, jednym z jej głównych punktów jest wspólny obiad. Podczas obiadu nie tylko się je, ale również, a może przede wszystkim, rozmawia.

Kiedy psychologowie mówią o karmieniu noworodka czy niemowlęcia, tak naprawdę mówią o czymś, co nazywa się zaspokajanie. Karmiąc dziecko piersią, zaspokajamy wszystkie jego potrzeby: potrzebę bezpieczeństwa, potrzebę przynależności, potrzebę czułości, no i oczywiście naturalną potrzebę zaspokajania głodu. Dlaczego więc później ograniczamy się tylko do tej ostatniej? Dlaczego gdy przestajemy karmić piersią, nie dbamy już o to, by jedzenie było przyjemnością? Wcześniej, kiedy matka karmiła piersią, w pokoju panowała cisza, a ona była na tej czynności skupiona. Dlaczego potem już nie jest?

Bo to była jej pierś.

Myślę, że nie o to chodzi. Według mnie ona czuje, że trzeba tę bliskość dać. Więc dlaczego, kiedy dziecko siada do stołu, ta bliskość się kończy? Wielokrotnie pytałam o to matki. Kompletnie nie rozumiały, o co mi chodzi. A przecież wspólny posiłek przy stole też jest sytuacją intymną. Możesz rozmawiać z dzieckiem, a ono przez naśladowanie uczy się jeść. I nie chodzi tylko o to, jak ma się posługiwać widelcem czy łyżką, ale o to, jak jeść w skupieniu, smakować to, co jest na talerzu. Jeśli matka je ze smakiem, dziecko również będzie tak jadło. Dzieci są wzrokowcami i węchowcami, a dodatkowo (co zauważyłam, obserwując je) to, czy coś lubią, zależy od tego, jak się to coś nazywa. Jeżeli jakaś potrawa z punktu widzenia dziecka dziwnie się nazywa, na przykład szpinak, nie chcą jej jeść. Ja na przykład nigdy nie wzięłam do ust flaków, galaretki z nóżek czy móżdżku, bo odrzucało mnie już na sam dźwięk tych słów. I dlatego potraw tych nigdy nie proponowałam swoim dzieciom. Czy coś jest smaczne, czy nie, skoro jest zdrowe, dziecko musi to jeść. Gdy podają gotową potrawkę ze słoika, nawet jej nie przyprawią. Pytam więc matkę takiego „niejadka": „Próbowałaś tego, co dajesz dziecku?". Słyszę: „Nie. A po co?". „To spróbuj, a przestaniesz się dziwić, dlaczego tym pluje". Zastanawia mnie (nie wiem, czy to jest brak wrażliwości, czy bezmyślność) takie odłączenie siebie jako matki od siebie jako człowieka. Przecież nikt z nas nie będzie jadł potrawy, która nam nie smakuje, a dziecka nikt nie pyta, ono musi zjeść i już.

Może dlatego, że w książkach piszą, że dzieci nie mogą jeść ostrych przypraw?

Nie musimy dziecku doprawiać zupki na ostro. Wystarczy dołożyć zioła... WHO mówi: dzieciom absolutnie nie solić. I tak jemy za dużo soli. A wszelkie zupki dla dzieci mają skład zgodny z zaleceniami WHO. Jedzenie jednak musi mieć smak, bo jak inaczej nauczymy czerpania przyjemności ze smakowania potrawy. Pamiętam rozmowę z kucharzem Robertem Sową, który stwierdził, że dziecko powinno przejść fazę międlenia rękami w jedzeniu, aby nauczyć się rozróżniać konsystencje, żeby w przyszłości być bardziej wrażliwym na bodźce, z którymi ma do czynienia, jedząc. Dziecko poznaje świat wszystkimi zmysłami. Do drugich urodzin poznaje go, przede wszystkim oglądając, ale także dotykając – liżąc, potrząsając, stukając. Kiedy matka pyta dziecko, które dotyka wszystkich produktów w sklepie: „Co robisz?", ono odpowiada: „Oglądam". Wtedy matka mówi: „Ogląda się oczami!". Ale tak jest tylko w świecie dorosłych. W świecie dziecka trzeba wszystkiego dotknąć, włożyć do buzi, bo inaczej nie da się poznać, zapamiętać, zrozumieć. Tak funkcjonują dzieci i musimy im na to pozwolić. Jeżeli odetniemy im te możliwości, łącznie z grzebaniem w buraczkach, to moim zdaniem pozbawiamy je pewnej części wrażliwości, która w przyszłości mogłaby się zrealizować na przykład w byciu artystą. Nie możemy odcinać dziecka od pewnych rzeczy, a potem oczekiwać, że za dziesięć albo piętnaście lat wyrośnie na wrażliwego człowieka. Tak się nie dzieje. Jeżeli wychowujemy dziecko w ciszy, zaklejamy plastrami dzwonki, nie puszczamy muzyki i mówimy szeptem, to jak mały człowiek, u którego najpierw uruchamia się słuch, ma się osłuchać z dźwiękami?

Kiedy kupiłam psa, od hodowczyni dostałam listę dwunastu złotych zasad, czyli rzeczy, których szczeniak do dwunastego tygodnia życia powinien doświadczyć, aby wyrosnąć na zrównoważonego psa. Tak więc w tym okresie musi poznać dwanaście różnych powierzchni, dwanaście różnych dźwięków, dwanaście różnych osób, dwanaście różnych sytuacji. To jest niezbędne minimum. Pomyślmy więc: skoro tak trzeba zadbać o psa, to co należy zrobić, aby na zrównoważoną i wrażliwą osobę wyrosło nasze dziecko? Jakich musimy mu dostarczać bodźców, łącznie z tym nieszczęsnym dla wielu matek traumatycznym jedzeniem?

Pracowałam z matką, która twierdziła, że jej bliźniaki nic nie jedzą. Kiedy zjawiłam się w jej domu, zobaczyłam, że dzieci mają nadwagę. Poprosiłam, aby robiąc porcje dla nich, robiła również porcje dla mnie. Przy kolacji pokazałam jej, ile się tego jedzenia przez cały dzień uzbierało. Stwierdziła, że to niemożliwe.

Wyszło parę kilogramów?

Ze trzy na pewno. Bo ona bez przerwy im coś podtykała. Było tego z osiem posiłków w ciągu dnia! Czteroletnim dzieciom dawała obiad jak dla kompanii wojska! Chciała, żeby jadły kopę ziemniaków, sos, kotlet i surówkę. Nie przypuszczałam, że będę musiała tłumaczyć, że czteroletnie dzieci mają małe żołądki, że trzeba dać im mniej, by miały poczucie sukcesu, zjadając wszystko, co mama przygotowała. A jeśli nadal będą głodne, na pewno poproszą o dokładkę. Każdy pediatra ci powie, że grube dziecko to dziecko niezdrowe.

Pediatra tak powie, ale nie matki w parku, które widząc szczupłe dziecko, rzucają komentarz: „Ależ ono zabiedzone!".

Niestety, w Polsce dziecko musi być pulchne. Zapominamy przy tym niestety, że komórki tłuszczowe tworzą się raz. Jeśli zafundujemy je dziecku w dzieciństwie, mogą się zmniejszyć i dziecko schudnie, ale to nie znaczy, że komórki te całkowicie znikną. Będą cierpliwie, w uśpieniu czekać, żeby znowu przyrosnąć. Jeśli dziecko utuczymy, jest duże prawdopodobieństwo, że w dorosłym życiu będzie miało problem z nadwagą. A matki często tuczą swoje dzieci jak gęsi. Dlatego powtarzam do znudzenia: „Pozwól dziecku nie zjeść jednego czy dwóch posiłków. Niech poczuje, co to jest głód".

Poza tym dziecko, tak jak dorosły, może mieć gorsze samopoczucie, na przykład dlatego, że radykalnie zmienia się pogoda. Albo jest tak przejedzone, że przez cały dzień nie ma ochoty na najmniejszy posiłek.

Kiedyś pediatrzy mówili, że bilans tego, co dziecko ma zjeść, powinniśmy liczyć dobowo. To znaczy, że w ciągu dwudziestu czterech godzin powinniśmy dostarczyć mu określoną ilość węglowodanów, białek, tłuszczów. Nadal tę określoną ilość musimy dziecku zapewnić, tyle tylko że już od wielu lat bilans robi się tygodniowo, co daje większą swobodę działania. Kiedy rodzice skarżą się, że ich dziecko jadłoby tylko naleśniki, proponuję mamie: „To mu je rób. Tylko zmieniaj farsz". Albo kiedy narzeka: „Mój syn nie chce nic innego tylko schabowego", mówię: „To dawaj mu schabowego". Tłumaczę, że jeżeli wprowadzamy dziecku nową potrawę, musi się ona pojawiać na stole przez dwa tygodnie. Tyle czasu dziecko potrzebuje, by się z nią opatrzyć, musi ją obwąchać, wsadzić w nią palec i trzy razy zrobić głupią minę. Jedzmy więc sami tę nowość, ale nie zachwycajmy się, jaka jest pyszna. Nie namawiajmy też dziecka, by spróbowało. Po pewnym czasie samo się zainteresuje. Dla mnie ważniejsze jest nie to, jak namówić dziecko do jedzenia, lecz jak wytłumaczyć mamom, że dziecko może nie mieć na posiłek ochoty. Pytam więc: „A ty jadłaś śniadanie?". „Ja nie jestem głodna". „A obiad zjadłaś?". „Nie mogę". „To dlaczego chcesz, żeby twoje dziecko jadło bez przerwy?".

Ale matki boją się, że dziecko nie zje warzyw czy owoców, które również dorośli powinni spożywać codziennie.

Była kiedyś taka akcja „Warzywa pięć razy dziennie", teraz jest jeszcze większa akcja „Warzywa siedem razy dziennie". Tyle że rodzice zapominają o tym, że warzywa to nie tylko buraczki, marchewka czy kapusta. Warzywa to również soki. A oprócz soków warzywnych są też przecież soki owocowe, które dla małego dziecka są posiłkiem wielkości obiadu.

Moja córka potrafiła miesiącami jeść ciągle to samo. Kiedy pytałam: „Co chcesz na kolację?", padała ta sama odpowiedź: „Szyneczkę. Ale bez chlebka". Później był tylko żółty serek. Nie byłam tym zachwycona, ale stwierdziłam, że nie będę jej zmuszać. Myślę, że dzieci intuicyjnie czują, co jest dla nich dobre.

Oczywiście. Uważam, że śniadania czy kolacje powinny być tak przygotowane, by dziecko miało możliwość wyboru. Dajemy wędlinę, biały i żółty ser, dżem. Niech dziecko zje to, na co ma ochotę. A tak kobieta narobi się przy kanapkach, a dziecko i tak wyjmie z nich tylko wędlinę czy pomidora. Ona ma wtedy poczucie, że narobiła się niepotrzebnie, dziecko ma problem, bo mama smutna, oboje są nieszczęśliwi. Po co sobie to robić?

Wszystkie matki zazdrościły mi, że nie mam problemów z karmieniem dziecka, bo moja córka ma apetyt. Ale ja nigdy nie zmuszałam jej do jedzenia. Do głowy mi nie przyszło, by wygłaszać tekst: „Wstaniesz wtedy, gdy twój talerz będzie pusty!".

Ja też nigdy nie nakłaniałam synów do jedzenia. Masz ochotę jeść, to jedz. Nie masz – nie jedz. Najwyżej będziesz głodny. Natomiast kiedyś byłam z przyjaciółką i jej dwiema córkami na wczasach. Kiedy młodsza zachorowała, zaopiekowałam się starszą. Tempo jedzenia miała takie, że drzemała między podniesieniem widelca a włożeniem tego, co na nim się znajdowało do ust. Potem długo żuła, z takim wyrazem twarzy, jakby musiała jeść za karę. Moi chłopcy zjedli już całe śniadanie i wychodzili, a ona dopiero raz ugryzła kanapkę. To zachowanie wynikało po prostu z tego, że podczas posiłków zawsze była sama, że miała siedzieć tak długo, aż wszystko zje. Ona nie doświadczyła, że jedzenie może być przyjemnością. Po pięciu dniach wspólnych posiłków, kiedy absolutnie nie namawiałam jej do jedzenia, przyspieszyła. Jej mama zaś była zdziwiona tym, jak szybko dziewczynka je.

I to nie na skutek poganiania: jedz szybciej, jedz szybciej…

Wtedy efekt jest wręcz odwrotny. Tak jak wtedy, o czym już wspomniałyśmy, gdy matka nakłada dziecku pełen talerz. Zawsze mówię: „Nałóż jedną trzecią tego, co chciałabyś dać".
Jest jeszcze jedna rzecz, którą często robią matki: kompletnie nie myślą o tym, co smakuje dziecku. Jeżeli dziecko wyraźnie mówi, że nie lubi ogórka, to nie wciskaj mu go, nie chowaj pod sałatą, bo i tak go znajdzie i nie zje. Konsekwencje będą

takie, że dzieciak straci do ciebie zaufanie i w ogóle nie będzie chciał nic tknąć. I wcale mu się nie dziwię. Dlaczego nie widzimy problemu w oszukiwaniu dzieci? Pamiętam babcię, która zadowolona powiedziała mi, że jej wnuczek jadłby tylko zupę pomidorową, a ona użyła podstępu i chłopczyk je wszystko. Wyglądało to tak, że kiedy stawiała przed nim żurek, mówiła, że to zupa pomidorowa. A gdy dziecko pytało: „A dlaczego ta pomidorowa jest biała?", babcia odpowiadała: „Bo to z białych pomidorów". Następnego dnia była ogórkowa: „Babciu, a dlaczego ta pomidorowa jest zielona?". „Bo to z zielonych pomidorów". Wnuczek codziennie zjadał talerz „zupy pomidorowej". A tak naprawdę jadł nazwę. Ciekawe, co będzie, kiedy się zorientuje. Matka nie widzi w tym żadnego problemu. A ja uważam, że to przekłada się na utratę zaufania, brak poczucia bezpieczeństwa, osłabienie więzi rodzinnych. Jeśli dziecko jest oszukiwane w tak drobnej sprawie, może dojść do wniosku, że jest oszukiwane zawsze. Poza tym jeżeli dziecko jest podczas jedzenia wiecznie karcone, zawsze ktoś ma do niego pretensje, to wyrasta na niezadowolonego człowieka. **Jeżeli dostaje tylko komunikaty, że jest niedobre, niegrzeczne, nie potrafi, nie chce, to właśnie takie rośnie.** Zaczęło się od jedzenia, a przenosi się na całokształt zachowania. I tego rodzice często zupełnie nie rozumieją.

Ale rodzice chcą, by ich dziecko dobrze zachowywało się przy stole. Dlatego, w dobrej intencji, mówią: „Siedź prosto! Nie gap się! Co tak dłubiesz w tym kotlecie!".

Błagam, przecież nie wychowujemy robota! Zawsze tłumaczę rodzicom, że jeśli chcemy, by wystąpiło jakieś zachowanie, a potem się utrwaliło, to najlepiej ćwiczyć je nie w sytuacjach realnych, lecz zabawowych. Czyli jeżeli chcemy, żeby dziecko pięknie siedziało przy stole, to bawmy się z nim, jego laleczkami, w dom. Podczas tej zabawy, jedząc na niby, w miłej atmosferze, mówmy: „Siedzimy grzecznie. Łokcie trzymamy przy sobie. Tu jest łyżeczka, a tu nożyk i widelczyk". To sytuacja, w której dziecko się nie stresuje. Jest dla niego bezpieczna i niebywale edukacyjna. Potem, kiedy przenosimy to, czego nauczyło się podczas zabawy do realnego życia, czyli do siedzenia przy stole, możemy za pierwszym razem posadzić przy nim także lalkę, która wcześniej mu towarzyszyła. Oczywiście nie zawsze dziecko będzie zachowywać się przy stole tak, jakbyśmy sobie tego życzyli, ale szanse na to są zdecydowanie większe niż w przypadku dziecka, które w domu nigdy przy stole nie jadło, za którym zawsze ktoś biegał z łyżką. Kiedy z takim dzieckiem pójdziemy do restauracji, na komunię do krewnych albo do babci Krysi spod Pułtuska i każemy mu siedzieć przy stole, nie będzie wiedziało, o co nam chodzi. Bo skąd ma niby wiedzieć, skoro w domu nigdy tego nie robiło? A na dodatek słyszy na zachętę: „Nie garb się! Weź ręce ze stołu! Jedz nożem i widelcem!".

Czy my czasami z tymi dobrymi manierami nie przesadzamy? Teraz jemy serniczek i szarlotkę, i popatrz, jak miło jest mlasnąć.

Oczywiście że nie ma w tym nic złego. Skoro delektujemy się czymś, stwierdzamy, że jest pyszne, dlaczego nie pozwalamy na to dzieciom?
Bo są matki, które uważają, że dziecko powinno siedzieć przy stole bez ruchu, na komendę podnosić łyżkę do ust, zjeść w dwadzieścia minut i czekać, aż skończą posiłek dorośli. No i oczywiście nic nie może mu kapnąć na ubranko, nie może spaść najmniejszy okruszek. To jest chore. Przecież my też tak

nie jemy. Przyjrzyjmy się, jak zachowujemy się w restauracji. Siadamy wygodnie. Tu dziabniemy, tam dziabniemy, weźmiemy od kogoś z talerza, tu nam coś kapnie... My sobie na to pozwalamy, ale dzieciom już nie. Oczywiście musimy powiedzieć dziecku, żeby było ostrożne, natomiast nie możemy z tego robić życiowego dramatu. Moim zdaniem każde dziecko powinno przećwiczyć rzut buraczkami na sufit, bo to jest wpisane w jego rozwój. I jeżeli nie zrobi tego przy nas, to zrobi to, będąc samo. Więc urządźmy zabawę: narysujmy kółko na lodówce, z której się dobrze zmywa, i strzelajmy buraczkami czy gotowaną marchewką. Ale powiedzmy: „Robimy to tylko teraz. Dla zabawy".

Myślę, że nie mamy też wyobraźni. Przecież łyżka, którą jemy, jest dla dziecka ogromną chochlą, którą trudno trafić do ust.

Teraz łyżeczki dla dzieci są inaczej skonstruowane. Nie wymagają od nich takiego wielkiego zamachu, którego w tym wieku nie potrafią jeszcze zrobić. Umiejętności rosną razem z dzieckiem, ale my byśmy chcieli, żeby dwulatek już wszystko umiał, wiedział i zachowywał się jak stary malutki. Siedzi taki stary malutki pięcioletni przy stole, je i nie wpadnie na pomysł, by wejść pod stół i ciotkom buty rozwiązać... On jest wytresowany.

Skupiłyśmy się na dziecku kilkuletnim, ale niejadkami są również dzieci kilkumiesięczne. Co ma zrobić matka takiego dziecka?

Takich prawdziwych niejadków, czyli dzieci z jadłowstrętem, poniżej jednego roku życia spotkałam bardzo mało. Zdarzają się, ale to jest związane z zaburzeniami somatycznymi. Na pewno nie są to zaburzenia emocjonalne, gdyż na nie jest jeszcze za wcześnie. W takim przypadku trzeba zgłosić się do lekarza. Kilkumiesięczne dzieci na ogół chętnie jedzą, pod warunkiem że odpowiednio je karmimy. Moje dziecko nie chciało chwytać piersi nie dlatego, że nie było głodne, lecz dlatego, że nie potrafiło. Musiałam mu w tym pomóc, nauczyć. Podobnie gdy dziecko ma gorączkę, to normalne, że nie ma apetytu. Wtedy podajemy mu tylko dużo płynów, żeby się nie odwodniło. Lecz nawet gdyby przez trzy dni nic nie jadło, nic złego się nie stanie, bo potem szybko nadrobi straty. Naprawdę dziecko samo się nie zagłodzi. Okażmy mu oraz specjalistom trochę zaufania. Nóż mi się otwiera w kieszeni, gdy widzę na spacerach te szalone babcie, które biegają za wnukami z kanapeczką. Rozumiem, że fajnie jest zjeść coś na świeżym powietrzu. Do tej pory pamiętam bułkę z masłem i szynką, którą zjadałam na plaży. Taka była u nas reguła: o jedenastej trzydzieści trzeba wyjść z wody, wytrzeć się i zjeść drugie śniadanie.

Rodzice chyba też powinni mieć świadomość, że ciągłe dostarczanie żołądkowi pożywienia w końcu doprowadzi do problemów z układem pokarmowym.

A ja tymczasem spotykam dzieci, które w ogóle nie wiedzą, co to uczucie głodu. Pamiętam pięcioletniego chłopca, który był tuczony przez matkę jak gęś. Karmiła go co dwie godziny, a jemu wszystko stawało w przełyku. Kiedy zabroniłam podawać mu jedzenie, dopóki o nie sam nie poprosi, musiałam trzymać ją za rękę. Wyrywała się, żeby go nakarmić. Dzieciak nie jadł nic przez trzy dni. Podszedł do mnie, pokazał na brzuch: „Tak mnie tu boli". Powiedziałam: „To znaczy, że jesteś głodny".

Kiedy tego dnia byliśmy z rodziną w sklepie spożywczym, malec ukradł parówkę i natychmiast ją zjadł. Zrozumiał, czym jest przyczyna i skutek: „Boli mnie brzuszek – muszę zjeść". Matka była w szoku, że syn komunikuje jej, że chce jeść.

Dzieci muszą nauczyć się wielu rzeczy związanych z jedzeniem. Na przykład, jak gryźć. A kiedy mają się tego nauczyć, skoro matki do piątego roku życia miksują im jedzenie? Potem takie dzieci, jedząc jogurt z kawałkami owoców, plują nimi na prawo i lewo. Problem „moje dziecko nie chce jeść" tak naprawdę jest problemem matek, a nie dzieci.

Ale może jest trochę lepiej niż kiedyś?

Nie jest.

To znaczy, że kobiety, które czytają w gazetach o zdrowym odżywianiu, o diecie takiej, śmakiej, warzywnej, sokowej (i testują je na własnej skórze), uważają, że ten problem dziecka nie dotyczy?

Dziecka to nie dotyczy. Ich dziecko musi jeść sześć razy dziennie. A gdy taka matka idzie do pediatry z trzymiesięcznym niemowlakiem, który w ciągu ostatniego miesiąca nie przybrał na wadze według założonej odgórnie normy, pediatra bardzo często mówi: „Proszę podawać butelkę". Pytam matkę: „Dlaczego karmisz dziecko butelką, a nie piersią?". „Bo pediatra powiedział, że nie przybywa, że nie rośnie". Albo inna wersja: „Bo teściowa mi powiedziała, żebym dokarmiała, bo za chude". Nie dajemy dzieciom szansy. A potem w wieku kilku czy kilkunastu lat pojawiają się kłopoty związane z jedzeniem: anoreksje, bulimie, w końcu i diety odchudzające przez całe życie.

To wszystko ma związek z dzieciństwem. Oczywiście anoreksja i bulimia bardziej związane są z problemem w relacji matka–córka, ale nie biorą się z powietrza.

A na przykład stąd, że matka jest terrorystką żywieniową?

Tak. I wymaga od innych tego, czego nie wymaga od siebie. Ona nie je, bo nie jest głodna, ale dziecko musi jeść. I nie interesuje jej, czy ono ma na to ochotę. Spotkałam matkę, która swojej czteroipółletniej córce co rano wlewała do gardła (bo nie da się tego inaczej nazwać) kaszkę ryżową dla niemowląt, do której dosypywała trzy łyżki kakao i trzy łyżki cukru. I codziennie biegała za dzieckiem z talerzem, tocząc wojnę, by tę kaszkę zjadło. Po trzech dniach obserwacji zapytałam matkę, czy to jest smaczne. Odpowiedziała, że nie wie. Okazało się, że nigdy tego nie spróbowała! A kiedy jej kazałam, stwierdziła: „Jakie to okropne!".
Kiedy córka usłyszała, że nie musi już kaszki jeść, powiedziała: „Ona jest niedobra". Wcześniej pokazywała to matce w inny sposób – uciekając i chowając się przed jedzeniem. Tylko matka kompletnie nie domyślała się, o co chodzi.
Rodzice bardzo często pytają mnie: „Skąd tyle wiesz o naszym dziecku, skoro jesteś tutaj dopiero kilka dni?". Zawsze odpowiadam: „Bo jestem uważna i dziwię się, że wy tacy nie jesteście".

Tobie jest łatwiej, ponieważ patrzysz z zewnątrz. A z zewnątrz można o wiele więcej zobaczyć, ponieważ nie jest się zaangażowanym emocjonalnie.

I tak, i nie. Sama jestem matką dwóch synów i oczywiście nigdy nie powiem, że jestem obiektywna, bo żadna matka taka nie jest.

Pozwalam ludziom, żeby mi mówili, co widzą z zewnątrz. Być może swoje dzieci za bardzo chronię, buduję klosz. Każda z nas to robi, ale wiele nie dopuszcza krytyki czy uwag. Ja zawsze byłam na nie otwarta. Jeżeli ktoś mówił mi, że coś robię nie tak, zastanawiałam się: być może to prawda. Nie odrzucam uwag na wejściu, a bardzo dużo kobiet właśnie tak robi. Stąd biorą się konflikty z teściowymi, które są trochę osobami z zewnątrz. One nie zawsze są potworami. One po prostu patrzą bardziej obiektywnie. Takie są też nasze matki. Kobiety proszą mnie: „Niech pani napisze książkę dla bab, żeby się nie wtrącały". Wiem, że czasami potrafią się wtrącać, wiem, że czasami postępują wbrew nam, ale może od czasu do czasu warto ich posłuchać? Owszem, niekiedy trzeba się posprzeczać, podyskutować; powiedzieć, że świat się zmienił, ale nie zakładać z góry, że nie mają racji.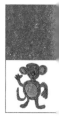

Na koniec chciałabym wspomnieć o dzieciach, które jedzą non stop i wszystkie problemy emocjonalne załatwiają jedzeniem. Kiedy są smutne, kiedy są same w domu – biegną do lodówki. Wzięło się to stąd, że mama od maleńkiego mówiła: „Jesteś smutny? Masz batonik". To my uczymy dzieci takich zachowań. „Jakoś tak źle wyglądasz. Chodź, zjesz zupkę". A na porządku dziennym jest, że kiedy niemowlak zapłacze, pierwszym odruchem matki jest przystawienie go do piersi. A ja uważam, że powinnyśmy się wstrzymać. Naprawdę jesteśmy w stanie odróżnić płacz dziecka spowodowany głodem od płaczu dziecka, które się nudzi lub jest nieszczęśliwe. Nie zawsze trzeba je karmić, ponieważ grozi to tym, że jako dorośli każdy problem będą rozwiązywać jedzeniem. W amerykańskich filmach wszystkie kobiety, które rozstały się z facetami, pędzą do lodówki i opychają się lodami. W szufladzie zawsze mają batonik na pocieszenie. I to by było na tyle.

4. MOJE DZIECKO MNIE NIE SŁUCHA

E-MAIL

Moje dziecko (Jacek) ma sześć lat. Jest z reguły grzeczny i nie sprawia kłopotów, oprócz tego jednego. Nie słucha, nie reaguje, gdy wydaję mu jakieś polecenie. Ja mu mówię: nie rób tego, a tu jakby grochem o ścianę. Zero reakcji. Zupełnie to ignoruje. Mogę wrzeszczeć i prosić, a on nic. Jak czegoś nie chce zrobić, to nie zrobi. Jaka jest na niego metoda?

Z punktu widzenia wielu matek to dwie bardzo różne rzeczy. Dla mnie jednak są bardzo podobne. Przede wszystkim dlatego, że obie sytuacje wynikają z niewłaściwej komunikacji na linii mama–dziecko. Matki, mówiąc do swoich dzieci, popełniają bardzo wiele błędów – od najprostszych do bardzo skomplikowanych. Z reguły nie mówią do dziecka, chociaż im się wydaje, że to robią. Przykład: matka wyjmuje coś z lodówki, dziecko jest gdzieś za jej plecami, a ona je strofuje: „Tyle razy ci mówiłam, żebyś nie biegał bez kapci!". A jej głos nie dociera do dziecka, tylko wpada do otwartej lodówki. Oczywiście dziecko słyszy dźwięk matczynego głosu, ale komunikat odbierany jest w sposób szczątkowy i z tego powodu jest nieskuteczny. Bardzo często matki mówią też do czubka głowy dziecka albo do jego pleców. Do drzwi jego pokoju. Podstawową zasadą jest:

jeśli z kimś rozmawiam, zawsze patrzę mu w oczy. Nie patrzę na kwiatek, niebo czy telewizor, bo to świadczy o braku szacunku, o braku zainteresowania rozmową, o niepoważnym podejściu do tematu. W końcu o braku szczerości. Czemu więc rodzice nie rozumieją, że w ten sam sposób należy rozmawiać z dzieckiem? Kiedy o tym mówię, denerwują się: „Za każdym razem mam patrzeć dziecku w oczy?!. Tak. A gdy mówisz swojemu partnerowi: «Kocham cię!», to patrzysz w bok? A jak rozmawiasz z szefem?".

Mój syn spytał mnie kiedyś: „Wiesz, jak najłatwiej zdenerwować nauczyciela? Mówiąc do niego, patrzysz na jego czoło". Po czym mi to zademonstrował. Okropne! Miałam wrażenie, że myślami jest gdzie indziej. Dlatego jeżeli chcesz coś powiedzieć dziecku, zawsze musisz je zatrzymać, nawiązać kontakt wzrokowy, a dopiero potem powiedzieć, co masz do powiedzenia. Oczywiście zdaję sobie sprawę, że czasami może zdarzyć się sytuacja, że jestem zajęta i mówię coś do syna, który jest w drugim pokoju. Ale wtedy zawsze muszę pamiętać, że on może tego nie usłyszeć albo nie wykonać polecenia, bo dojdzie do wniosku, że to nie do niego. Muszę mieć świadomość, że w tym momencie to trochę mówienie do samej siebie.

Myślę, że powinniśmy mieć też świadomość, że nawet jeśli staniemy naprzeciwko małego dziecka, nasz głos rozchodzi się nad jego głową.

To po pierwsze. A po drugie wyobraź sobie, że staje przed tobą trzymetrowy olbrzym i patrzy na ciebie z góry. Aby go zobaczyć i zrozumieć, co mówi, musisz zadrzeć głowę. I od razu jesteś ustawiona w niższej, poddańczej pozycji. Ktoś powie: „Ale rodzice powinni dominować. Na tym polega ich rola!". Otóż nie.

Kiedy prosisz dziecko, żeby wykonało polecenie, to nie musisz mu nakładać na głowę czapy. Zniż się do jego wysokości i dopiero powiedz, o co ci chodzi.

Czy w tej poddańczej pozycji nawet miłe słowa dziecko może odebrać źle?

Może nie źle, ale może je odebrać jako coś obciążającego. Zaobserwowałam, że nawet jeśli matka mówi do dziecka, że coś świetnie zrobiło, to mówi to z pozycji nauczyciela: mniej pochwalno-satysfakcjonująco, a bardziej nauczycielsko-porządkująco. Inaczej jest, gdy patrzymy sobie w oczy i jesteśmy na jednym poziomie.

Mentorski ton podczas rozmów dorosłych z dziećmi jest chyba stosowany nagminnie.

Niestety. Tembr głosu to kolejna rzecz, z którą rodzice kompletnie sobie nie radzą. Mamy trzy rodzaje tembru: akceptacji, autorytetu i argumentacji. Rodzice z reguły krzyczą albo przybierają ton autorytatywny, tym samym wywierając presję lub w słodki sposób dziamdziają. Tłumaczę, że na dziecko nie trzeba krzyczeć, nie trzeba podnosić głosu. Wystarczy znaleźć odpowiedni klucz. Kiedy chcemy coś dziecku przekazać, patrzymy mu w oczy i spokojnie, stanowczo mówimy: „Nie podoba mi się, gdy tak postępujesz". Niestety matki mają tendencję do zmiękczania swoich decyzji: chciałyby powiedzieć, że są niezadowolone, ale przecież nie można dziecka deprymować, więc mówią słodziutko: „Nie podoba mi się, Kaziu, to, co zrobiłeś". Inna sprawa, że absolutnie tych trzech tonów nie rozróżniają, i moja praca bardzo często polega na tym, że muszę je z nimi ćwiczyć.

Następna rzecz – kompletnie nie potrafimy argumentować swoich decyzji i nie uczymy tego dzieci. Nie umiemy powiedzieć, dlaczego czegoś chcemy albo dlaczego nie mamy na coś ochoty. Z moimi synami wprowadziliśmy zasadę: podaj mi trzy argumenty poza: „Nie. Bo nie!". Wymagałam tego od nich, ale też od siebie. I trzeba było się wysilić, aby była to wojna na argumenty, a nie na emocje.

Myślę, że nie tylko z argumentacją mamy problemy. Z rozmową również.

Nie potrafimy rozmawiać ze sobą, a co dopiero z dzieckiem! Uważamy, że jemu tylko wydaje się polecenia. I tu mamy kolejny zgryz – rodzice uważają, że rozmowa z dzieckiem powinna być monologiem. Rozmowa według rodziców polega na tym, że matka lub ojciec mówi, co ma do powiedzenia, i zamyka drzwi. Kiedyś zachowałam się podobnie. Wchodzę do pokoju syna, a tam – lej po bombie. Usłyszałam, że wychodzi z kolegami. Powiedziałam: „Wyjdziesz, jak posprzątasz". I zamknęłam drzwi. Za dziesięć minut słyszę, że syn jest w przedpokoju. Wchodzę, ale lej po bombie nie zniknął. „Chwileczkę. Umówiliśmy się, że wyjdziesz jak posprzątasz". A on na to: „Nie, mamo. To ty się umówiłaś". I niestety miał rację. Ja coś powiedziałam, ale kontrakt nie został zawarty. Pewnie teraz ktoś się oburzy: „Mam dyskutować z dzieckiem?!". Wyobraźmy sobie sytuację, że przychodzi do nas szef, rzuca na biurko stertę dokumentów i mówi: „Proszę to wykonać!". Wykonujemy, ale w ostatniej chwili, lewą nogą i z nienawiścią. Natomiast gdy szef mówi: „Jest sprawa do załatwienia. Kiedy możesz to zrobić? Teraz czy za dwie godziny?", mamy do tej pracy zupełnie inne podejście.

A ponieważ dano nam możliwość wyboru, czujemy, że podejmujemy decyzję.

I czujemy się za to, co robimy odpowiedzialni. Ale aby podjąć decyzję, potrzebny jest czas. To jedna z najważniejszych rzeczy, którą powinniśmy uwzględnić, rozmawiając z dzieckiem. Kiedy prosimy dziecko o wykonanie jakiegoś zadania, nie powtarzamy tego sto razy, tylko dajemy mu czas na zastanowienie się. Mówimy: „Proszę cię, abyś to zrobił", „Chciałabym, abyś to zrobił" albo „Zrób to". i zostawiamy dziecko, aby te słowa zaczęły „pracować". Jeżeli widzimy, że nic się nie dzieje, po kilku chwilach możemy przypomnieć: „Prosiłam cię, abyś to zrobił", „Zależy mi na tym, żebyś to zrobił" lub „Zrób to, jeżeli chcesz, abym ja zrobiła to, o co ty mnie poprosiłeś". W zależności od sytuacji są różne kombinacje. Z reguły jednak matka mówi: „Zrób to! Zrób to, przecież mówię do ciebie!". I w ciągu minuty takie zdania wyrzuca z siebie trzydzieści razy. Czy wydaje jej się, że za pierwszym razem dziecko nie usłyszało? Zapewniam, że słyszało znakomicie. Tylko problem polega na tym, że po trzecim powtórzeniu ono już faktycznie „głuchnie". Bo już się wyłącza. I matka może sobie wtedy gadać i gadać…
To, o czym mówię, to bardzo ważne rzeczy, związane z komunikacją międzyludzką.

Kiedyś brałam udział w ćwiczeniach, z których jedno polegało na tym, że trzeba było wypowiedzieć słowo „dwa" ze zdziwieniem, agresją lub pewnością siebie. Okazało się, że sporo osób ma z tym problem. Zamiast zdecydowania i stanowczości słychać było w ich głosie niepewność i na dodatek pytanie. Jeżeli rodzic wydaje polecenie tonem pytającym, to wydaje mi się, że ma jak w banku, że dziecko go nie wykona.

To mało, że ze znakiem zapytania. 99,9% matek ma tendencję do mówienia: „Pójdziemy teraz na spacer, dobrze?", „Założymy buciki, dobrze?", „Teraz zjesz obiadek, tak?". One już nawet nie zawieszają głosu. One jeszcze dodają: „Dobrze?". Tłumaczę im: jeżeli dodajesz słowo: „dobrze?", to tak, jakbyś pytała dziecko o zdanie. Nie zdziw się więc, jeśli powie ci, że w tym momencie chce robić coś innego. A to ty masz ustalać plan dnia.

Mówiłaś o ćwiczeniu ze słowem „dwa". Ja daję rodzicom ogłoszenie z gazety i proszę, żeby przeczytali je na różne sposoby: z radością, z przekonaniem, ze zdziwieniem. Kompletnie tego nie potrafią. Zresztą nie tylko oni. Właściwie większość z nas ma z tym problem. Zobacz, jak czytane są wszystkie wiadomości w telewizji. Tam nie ma skali ważności. Wszystkie są tak samo istotne. I podawane trochę „na krzyku".

Rodzice robią jeszcze jedną straszną rzecz. Mówią: „Świetnie ci poszło, ale...". I tu pada na przykład: „Mógłbyś się bardziej postarać" albo „Zosia zrobiła to lepiej". Wkładam im do głowy: „Stawiamy kropkę! Jesteś świetny. Kropka!". Mówienie cały czas dziecku „ale" jest dramatyczne. Bo dziecko słyszy to, co jest po przecinku.

Myślę, że ci rodzice wcale nie mają intencji, aby dziecko pochwalić.

Oni je chwalą, tylko wydaje im się, że mówiąc tak, bardziej je zmotywują. By następnym razem było jeszcze lepiej. Znam bardzo wielu rodziców, którzy byli zdziwieni, kiedy powiedziałam im, że gdy mówią: „Cudownie to zrobiłeś, ale tu mógłeś zrobić lepiej!", ich dziecko słyszy tylko: „Mogłeś zrobić lepiej!", a w ogóle nie słyszy tego, że zrobiło cudownie. Tłumaczę: „Powiedz: Zrobiłeś fantastycznie! Cudownie! Wspaniale!". I postaw kropkę! Weź oddech, przytul dziecko, uspokój myślenie i dopiero kontynuuj: „W tym miejscu mogłeś zrobić lepiej". Zacznij to jako nowe zdanie. Niech najpierw dziecko nacieszy się pochwałą, a potem spokojnie może usłyszeć dalszą część. To tak, jakby mi ktoś powiedział: „Jesteś bardzo mądrą kobietą, tylko gadasz bez sensu". I będę pamiętała: „gadasz bez sensu". Proszę, zwracajmy uwagi na kropki, pauzy, intonację!

Pamiętam, jak w szkole pedagogicznej wykładowca metodyki tłumaczył: „Kiedy wchodzicie do klasy, w której jest rejwach, nie wolno wam krzyczeć na dzieci. Mówcie naturalnym tonem. To wasz sposób mówienia – zawieszanie głosu, stawianie pauz, spokój i stanowczość – spowodują, że najpierw jedno dziecko, potem drugie i trzecie zacznie słuchać. A potem przyłączą się do nich następne". Tylko w ten sposób możemy skupić uwagę dzieci. A gdy będziemy na nie krzyczeć, to zaczną się nawzajem uciszać i dopiero zrobi się zadyma. Co prawda nauczyciele często mówią, że muszą krzyczeć, ponieważ dzieci do krzyku są przyzwyczajone w domu. Nieprawda. Dzieci wolałyby, żeby nauczyciel mówił do nich miło i spokojnie.

Myślę, że to może też działać na zasadzie kontrastu – jeżeli są przyzwyczajone do krzyku w domu, to spokojnie, wolno, w sposób zrównoważony mówiący nauczyciel może je przyciągnąć.

Byle nie za wolno. Bo rodzice mają tendencję albo do świergolenia, albo do tak powolnego mówienia, jakby uważali, że dziecko potrzebuje nie wiadomo ile czasu, żeby każde słowo zrozumieć. A najważniejsza jest naturalność. Ja mówię bardzo szybko i byłoby nienaturalne, gdybym do swoich synów mówiła strasznie wolno. A kiedy cedzę słowa, oni już wiedzą, że robię to nie bez powodu. Natomiast jeśli ktoś jest osobą z natury powolną i mówi spokojnie, to gdy zacznie mówić szybciej, druga strona widzi, że coś jest nie w porządku. Ważna jest każda zmiana w głosie. Kiedy ja zaczynam mówić cicho i spokojnie, to znaczy, że jestem wściekła. Gdy mówię szybko i głośno – to jestem rozemocjonowana w pozytywnym tego słowa znaczeniu. I ludzie, którzy mnie znają to wiedzą. Uczmy dzieci rozpoznawać nasze emocje po sposobie mówienia. Nie udawajmy przed dzieckiem. Nie próbujmy być wzorowym rodzicem wbrew sobie.

Problem „logopedyczny" omówiłyśmy...

To nie tylko logopedia. To, o czym powiedziałam, ma ścisły związek z autorytetem rodzica. Autorytetu nie dostaje się wraz z aktem urodzenia dziecka. Autorytet trzeba wypracować. I jest to piekielnie trudna praca. Mało tego – ta praca jest jak budowanie domku z kart, przy którym bardzo się natrudzimy, a wystarczy minimalny podmuch wiatru i wszystko wali się do samych fundamentów. Dobra wiadomość jest taka, że nie każda drobna rzecz zburzy autorytet oraz że jeśli autorytet ma dobre fundamenty, to nie rozpadnie się do samego dna i będziemy w stanie go odbudować. O tym też musimy pamiętać. Nie uważam, że rodzic na każdym kroku musi się pilnować. Jesteśmy ludźmi i też mamy prawo popełniać błędy. Tylko zawsze powtarzam: „Błąd może zdarzyć się tylko raz". Musimy się uczyć na własnych błędach i musimy uczyć dzieci, aby uczyły się na swoich.

Rodzice autorytet kojarzą z tym, jak dziecko reaguje na ich polecenia. A niestety bywa różnie.

Często zalecam matkom, żeby spisywały wszystkie polecenia, jakie w ciągu jednego dnia wydały dziecku. Wieczorem na ten temat rozmawiamy i okazuje się, że bardzo wiele z nich jest bez sensu. To jest mówienie dla mówienia, zwracanie się do dziecka, byle tylko nawiązać kontakt. To są duperele typu: „Odłóż tę poduszkę!", „Nie rusz tego!", „Nie wchodź na krzesło!". Z jakiego powodu dziecko nie może wejść na krzesło, skoro chce zobaczyć, co jest na stole? Te dzieci przez cały dzień słyszą setki zakazów i bardzo wielu rzeczy robić im nie wolno. Pytam matkę: „Dlaczego?". Zastanawia się i odpowiada: „Właściwie nie bardzo wiem. Tak naprawdę nie wiem, o co mi chodziło". Matki często upierają się przy rzeczach, które dla mnie są kompletnie absurdalne: „Teraz idziemy do sklepu i masz pójść w tej bluzce!". A dziecko chce iść w koszulce, w której biegało po domu. „Nie! Masz iść w tej! W tych butach!". I to jest chore.

Trochę je rozumiem. Moja córka dostała w prezencie spódniczkę w kolorach, które się niesamowicie gryzły. Kiedy ubierała się do przedszkola, pytałam: „Co chcesz dzisiaj założyć?". A ona: „Tę spódniczkę". Proponowałam inne, bardziej stonowane. Bez skutku. Chodziła w niej miesiącami, zakładając bluzki, które kompletnie do niej nie pasowały. Było to dla mnie trudne, ponieważ chciałam jej od dziecka wpoić, czym jest dobry gust.

Uważam, że z gustami się nie dyskutuje. Kiedy mój syn chciał chodzić w różowych szortach i żółtej bluzce, nie widziałam żadnego powodu, żeby tego nie robił. Ostatnio pracowałam z matką, która na siłę starała się ubierać córkę na różowo, a ona chciała na czarno. Masz swoje ulubione kolory? Masz ulubione zestawy? I są rzeczy, których byś nie założyła? To dlaczego drugi człowiek nie może mieć swoich?

Ale mówi się: czego Jaś się nie nauczy, tego Jan nie będzie umiał. Więc rodzice uczą dzieci różnych rzeczy: żeby były punktualne, odpowiedzialne i żeby potrafiły dopasować ubranie...

Jeżeli tak bardzo przeszkadza ci, że dziecko wybiera rzeczy, które do siebie nie pasują, to po powrocie z przedszkola, do którego poszło w spódnicy, której tak bardzo nie lubisz, zaproponuj zabawę w kolory. Popatrz, jaką dziecko ma na nie wrażliwość. Pokaż, że ten kolor z tym wygląda fajnie, a z tym – niekoniecznie. Zrób to podczas zabawy, a nie w sytuacji, która może spowodować konflikt. Wtedy dziecko uruchamia proces myślowy, patrzy na swoją spódniczkę i myśli: „Te kolory do siebie nie pasują, więc tak chodzić nie będę". Ale taką decyzję musi podjąć samo.

Nawet trzylatek?

Oczywiście. Zawsze na spotkaniach autorskich zadaję rodzicom pytanie: „Kto z państwa chciałby, żeby państwa dziecko było głupsze od was?". Oczywiście nikt. „To dlaczego się zgadzacie, żeby tak było?". Wtedy słyszę zdziwienie: „Jak to nie zgadzamy?". „Więc dlaczego mówicie swoim dzieciom: Nie znasz się! Nie masz o tym zielonego pojęcia!?
Nie mówię, że dzieci mogą robić wszystko, co chcą; mówię, że mają prawo podejmować pewne decyzje. I powinniśmy je tego uczyć od najmłodszych lat. Trzylatek naprawdę może zdecydować, w czym chce iść do przedszkola. Może zdecydować, co chce jeść. Może zdecydować, czy idziemy w prawo, czy

w lewo. Matki (ojcowie pod tym względem są dużo bardziej liberalni) upierają się dla samego upierania. Pytam: „Dlaczego twoja córka ma iść w tej bluzce?", a dorosła kobieta odpowiada: „Bo tak!". „Wyobraź sobie, że otwieram twoją szafę, wyciągam z niej spodnie, koszulę i mówię: Masz to założyć. Bo tak chcę. Zrobisz to?". „Nie, bo mnie się ten zestaw nie podoba". „To dlaczego ty możesz powiedzieć, że ci się nie podoba, a twoje dziecko nie może?".

Rodzice robią podstawowy błąd, który dotyczy wszystkich sytuacji wychowawczych – koncentrują się na tu i teraz: co teraz ludzie powiedzą, jak dziecko teraz będzie wyglądało. Nie myślą o efekcie długofalowym. Tak naprawdę nie jest aż tak ważne, co dziecko zrobi tu i teraz (a może zrobić różne rzeczy – na przykład napluć do zupy). Chodzi o to, aby wiedziało, że tego robić nie może. Tu i teraz mogą dziać się różne rzeczy, ważne jest, żebyś ty jako matka myślała o tym, co będzie w przyszłości. Możesz ustąpić dziecku, które urządza histerię w sklepie (bo ludzie patrzą), tylko zastanów się, czy z punktu widzenia wychowawczego, długofalowego, nie lepiej, żebyś tę histerię przeczekała. Nie załatwiaj tylko problemów „na teraz". Zgadzam się, że dzieci trzeba uczyć, ale róbmy to w warunkach neutralnych. Jeżeli mąż wraca do domu lekko zużyty, to każda mądra kobieta wie, że wtedy nie ma sensu z nim rozmawiać. Bo ta rozmowa prowadzi donikąd. Mądra kobieta wie, że jeśli mamy w domu jakiś konflikt, nie załatwiamy ważnych spraw. Zawsze powtarzam: „Jeżeli chcesz załatwić z partnerem coś ważnego, to porozmawiaj z nim po seksie. Wtedy, kiedy jest cudownie. Albo wtedy gdy idziecie na romantyczny spacer". Jeśli jest odpowiedni nastrój, można dojść do porozumienia. Natomiast gdy zaczynamy w złym miejscu, to zawsze w złym miejscu kończymy. To dotyczy również dzieci.

W związku z tym, jeżeli widzimy, że dziecko płacze, że jest zdenerwowane, smutne, nie liczmy na to, że nasze słowa do niego dotrą.

Oczywiście. Pytam syna: „Co ci jest?", ponieważ widzę, że coś jest nie w porządku. I słyszę: „Teraz nie chcę o tym rozmawiać". Jako matka chciałabym wiedzieć natychmiast, ale muszę jego decyzję uszanować. Tak samo zachowujemy się w stosunku do trzynastolatka, jak i do trzylatka. Musimy dziecku dać czas na podjęcie decyzji.

Ale czasami jest tak, że dziecko podjęło decyzję – chce zimą iść do przedszkola w sandałkach. Albo w minispódniczce.

Wtedy krzyczymy: „Musisz iść w zimowych butach!". Oczywiście awantura jest rano, kiedy wszyscy się spieszą. Ale nawet jeśli jest czas na rozmowę, rodzic i tak bardzo często wyrzuca z siebie argumenty, dlaczego dziecko nie może tego zrobić. A ja zawsze uczę: „To nie ty masz podać argument. Masz zadawać dziecku takie pytania, żeby usłyszeć od niego to, co chciałeś mu powiedzieć". Jeżeli chcesz powiedzieć dziecku, że zmarzną mu nogi, mówisz: „Załóżmy, że wychodzisz w sandałkach. Jest śnieg i nogi wchodzą do śniegu. Jak myślisz, czy jest ci ciepło, czy zimno?".

Dziecko przekornie powie: ciepło.

No to musimy znaleźć inny argument: „A czy jesteś pewien, że śnieg jest ciepły? To chodź do lodówki i włóż na chwilę do niej ręce". Kiedy to zrobi, pytamy: „Czy jest ci ciepło, czy zimno?". Dziecko co prawda może się przekomarzać, ale wtedy mówisz: „Wygłupiasz się, a to jest poważna sprawa. Włóż do lodówki stopę. Jest ci ciepło czy zimno?". Każde dziecko powie, że zimno. „Na dworze jest teraz tak samo zimno jak w lodówce. Więc jeśli założysz sandałki, to jakie będziesz miał nogi?". „Zmarznięte". „A lubisz mieć zmarznięte nogi?". Chodzi o to, żeby dziecko uruchomiło w głowie proces myślowy i żeby to, co mówi, było jego. Bo jak to jest jego, to trudniej temu zaprzeczyć. Jeśli samo powie: „Będę miał zmarznięte nogi, a ja nie lubię, jak mi jest zimno. Bo jak zmarznę, mam katar i nie mogę iść do przedszkola bawić się z kolegami" – sam to wymyślił. Więc zakłada zimowe buty.

A na dodatek sam podjął decyzję.

I wtedy jest cudownie. Dokładnie tak samo kobieta powinna rozmawiać z mężczyzną. Jeśli chce coś od niego wynegocjować, nie powinna przekonywać, tylko wpuścić sondę: zastanów się nad czymś. On zastanawia się cały dzień, po czym wraca z pracy i mówi: „Wymyśliłem, że byłoby wspaniale, gdyby…". I mądra kobieta nigdy nie powie: „No właśnie tak mówiłam!", tylko stwierdzi: „Ale jesteś wspaniały!".
Wracając do dzieci. Rozmawiałam z mamą dwunastolatka, która bardzo chciała, aby jej syn poszedł do lepszej szkoły. Tymczasem on chciał iść do gorszej i ona nie wiedziała, co ma zrobić. Powiedziałam jej: „Nie masz możliwości wysłania go do lepszej szkoły, bo nawet gdy do niej pójdzie, to i tak nie będzie się uczył. Pozwól mu iść do tej gorszej, tylko zawrzyj z nim kontrakt: Idź do szkoły, którą wybrałeś, tylko bądź w niej najlepszy. Ale najpierw pokaż mu szkołę, na której tobie zależy. Uzasadnij, dlaczego chcesz, aby do niej chodził, i poproś, aby on również uzasadnił swój wybór. Niech poda argumenty inne

niż ten, że do tej szkoły idą jego koledzy. Odbądź z nim poważną rozmowę na argumenty".

Wszyscy mi zarzucają: „Ty byś tylko z tymi dziećmi gadała!".
Tak! Dlatego że z tych dzieci za chwilę wyrosną dorośli. I jeśli nie nauczymy ich rozmawiać, po prostu nie będą tego umiały. Tymczasem nam się wydaje, że rozmowa z trzylatkiem kompletnie nie ma sensu, bo co ciekawego może nam powiedzieć? Zarzucamy dzieciom, że nie słuchają tego, co do nich mówimy. Ale czy my ich słuchamy? To właśnie od nas dzieci nauczyły się nie słuchać (nie chodzi mi o wykonywanie poleceń). Poświęćmy więc dziecku trochę uwagi. Kiedy opowiada o tym, co wydarzyło się w przedszkolu, wyobraźmy sobie, jak wielkim problemem jest to, że inni nie chcą się z nim bawić albo że musiał siedzieć w kącie, że zupa była niesmaczna albo że się czegoś przestraszył.

Czy wiesz, jakie pytanie najczęściej zadają rodzice dzieciom wracającym ze szkoły?

Jak było w szkole?

Nie! Co było na obiad! Tak jakbyśmy wysłali dzieci do szkoły tylko po to, żeby jadły w niej obiad. Namawiam rodziców, aby swojemu dziecku proponowali, by opowiedziało im o trzech najważniejszych wydarzeniach ze szkolnego dnia. I wtedy dowiedzą się, że podłożyli szpilkę pani od polskiego, wlali wodę do plecaka koledze z piątej b... Dowiemy się i dobrych rzeczy, i złych. Poznamy swoje dziecko. Zobaczymy, co je bawi. Dowiemy się rzeczy, których nie dowiedzielibyśmy się podczas zwykłej rozmowy, kiedy pytamy: „Co było w szkole?". Na takie pytanie dziecko z reguły odpowie: „Nic".

Zdaję sobie sprawę, że za pierwszym razem taka rozmowa może się nie udać, ale jeśli będziemy tę propozycję powtarzać, jeżeli będziemy mówić o tym, co przydarzyło się nam w pracy – zachęcimy dziecko do zwierzeń. Oczywiście musimy wyważać, co do niego mówimy, ale opowiadając historie typu: „Koleżance w pracy rozsypały się pinezki. Ktoś niechcący na jednej usiadł i było śmiechu co niemiara", dajemy sygnał, że interesują nas również niezbyt poważne tematy.

Na dziecięce zaufanie trzeba zasłużyć. Kiedy rozmawiamy z dzieckiem, poświęćmy mu całą uwagę. Nie oglądajmy w tym czasie telewizji, nie zmywajmy naczyń. Zastanówmy się, co zrobiłby nasz kolega z pracy czy szef, gdybyśmy ich słuchali tak, jak słuchamy dzieci. Ostatnio prowadziłam szkolenie dla ludzi z dużej korporacji: „Czy dziecko musi być ofiarą naszego sukcesu?". Zwróciłam się do nich z prośbą: „Chciałabym bardzo, żebyście państwo traktowali swoje dzieci chociaż w połowie tak jak traktujecie klientów – słuchali z uwagą, byli na każde zawołanie, nie spóźniali się na umówione spotkanie, a jeśli nie możecie przyjść punktualnie – dali znać, że się spóźnicie. Pamiętali o imieninach, urodzinach i ważnych wydarzeniach w ich życiu. Dlaczego nie zachowujecie się tak w stosunku do dzieci? Dlaczego nie słuchacie, co do was mówią, nie wracacie na określoną godzinę? Jeśli umawiacie się z klientem, nie do pomyślenia jest, abyście spóźnili się choćby pięć minut. A do domu przychodzicie trzy godziny po czasie i uważacie, że wszystko jest w porządku".

Kiedy matka wychodzi z domu, ma powiedzieć czteroletniemu dziecku, że wróci za trzy godziny?

Musi dać taki komunikat, który jest dla dziecka zrozumiały. Na przykład: „Wrócę na twoją dobranockę". Nie może wyjść, nic nie mówiąc. Na ogół dziecko pyta również: „Gdzie idziesz?", i wtedy także trzeba mu na to pytanie odpowiedzieć.

Matka może powiedzieć: „Po co mam się tłumaczyć?".

To nie jest tłumaczenie się. Przecież nie uczymy dzieci tego, co mówimy, tylko tego, jak się zachowujemy. To działa w obie strony, na zasadzie wymiany. Jeżeli chcemy, żeby dziecko coś robiło, to my również musimy to robić. Jeżeli chcesz, żeby dziecko mówiło ci: „Mamusiu, kocham cię", to musisz mu mówić, że je kochasz. Jeżeli chcesz, żeby dziecko ci się zwierzało, to czasami dobrze opowiedzieć mu o swoich problemach. Jeżeli chcesz, żeby dziecko było w stosunku do ciebie uczciwe, ty też musisz taka być.

Pracowałam z matką, której chłopcy wiecznie uciekali z domu, a ona nie mogła sobie z tym poradzić i tego opanować. Po dwóch tygodniach przebywania z tą rodziną zauważyłam, że matka wraca z pracy do domu, w którym jest jej matka, przegryza coś szybko i wychodzi, nie mówiąc nikomu, gdzie idzie. Po prostu znika. Jej synowie robili dokładnie to samo. Dopiero gdy pokazałam jej ten mechanizm, zobaczyła, gdzie tkwi przyczyna zachowania dzieci. Jeżeli wychodzimy z domu, to powiedzmy, o której godzinie wrócimy. A jeśli nie damy rady wrócić na czas, to zadzwońmy, że możemy się spóźnić.

Mój młodszy syn parę razy nie wrócił po lekcjach do domu. Domyślasz się, że byłam mocno zdenerwowana. Okazało się, że poszedł z kolegami grać w piłkę. Spytałam: „Dlaczego mi nie powiedziałeś, że po szkole idziesz grać w piłkę?".

„Bo bałem się, że się nie zgodzisz". „A czy ja kiedykolwiek się nie zgodziłam?". „Nie". „To dlaczego ci to przyszło do głowy?". „Bo rodzice kolegów się nie zgadzają". „Ja nie jestem rodzicem kolegów. Wyszedłeś ze szkoły, chcesz pograć w piłkę, więc dzwonisz i pytasz: «Czy mogę pograć w piłkę?» albo mnie informujesz: «Mamo, po szkole będę dwie godziny później, bo gramy w piłkę». W porządku. Wiem, co się dzieje, wiem, gdzie jesteś.

Kiedyś, żeby mu pokazać, jak to działa, poszłam po południu z koleżanką do kawiarni i wyłączyłam telefon. A po dwóch godzinach, kiedy go włączyłam, miałam trzydzieści nieodebranych połączeń od syna. Wróciłam do domu: „Mówiłam ci, że idę z Ulą do kawiarni". Na co mój syn, rozgoryczony: „Ale jak mogłaś nie odebrać telefonu?! Nie wiedziałem, co się z tobą dzieje!". I dopiero to doświadczenie nauczyło go informować mnie, gdzie wychodzi i kiedy wróci.

Podsumowując: **bardzo chcielibyśmy, żeby dzieci nas słuchały i słuchały tego, co do nich mówimy. Ale aby tak było, my również musimy tak robić.** Musimy słuchać dzieci, kiedy mówią o swoich lękach, troskach, radościach, smutkach. Bo jeżeli my nie będziemy słuchać, to będzie ich słuchać pies albo pluszowy miś. Wtedy on będzie ich powiernikiem. A powinniśmy zrobić wszystko, żebyśmy to my odgrywali tę rolę.

5. MOJE DZIECKO NIE UMIE SIĘ BAWIĆ

E-MAIL

Mój trzyletni syn nie potrafi się bawić sam, ciągle chodzi za mną, ciągle chce, żeby mu organizować zabawy. Jak mu się mówi, żeby bawił się sam, to odpowiada, że jest nudno, że jest nie tak. Cały czas muszę z nim być, nie potrafi zająć się sobą.

Jeżeli chcemy, by dziecko potrafiło się samo sobą zająć, musimy je tego nauczyć. W przeciwnym wypadku jego pomysły robienia czegoś samodzielnie na ogół sprowadzają się do tak fascynujących działań związanych z rozwojem poznawczym jak włożenie nożyczek do kontaktu, wychylenie się z balkonu, wsadzenie głowy pomiędzy metalowe szczebelki na moście, włożenie palca w ogień. Żeby nauczyć dziecko, jak można się bawić, musimy z nim pracować w zasadzie od momentu jego narodzin. Kiedy urodził się mój pierwszy syn, zawaliłam jakieś zaliczenie i poszłam do swej pani promotor z żywym dowodem na ręku, że nie mogłam zająć się nauką. Jakież było moje zdumienie, kiedy usiadłam przed nią, a ona trzy razy pstryknęła przed jego oczami, potem popukała w stół, wydobyła z siebie jakieś dziwne „łuu" i powiedziała: „W porządku". Zdziwiona spytałam, o co chodzi, i usłyszałam: „Spokojnie. Po prostu patrzę, jak reaguje. Czy zwraca uwagę, czy jest kontaktowy". Zaczęłyśmy rozmawiać o tym, jak należy angażować uwagę noworodka poprzez pokazywanie zabawek, kolorowych przedmiotów, wieszanie nad łóżkiem pozytywek, które grają różne melodie. Pokazujemy jakąś rzecz i zostawiamy z nią niemowlaka na trzydzieści sekund. A potem ten czas wydłużamy. W ten sposób możemy doprowadzić do sytuacji, że nasz trzylatek będzie bawił się sam przez pięć, dziesięć minut. Ale nie ma takiej możliwości (a o doprowadzenie do tego bardzo często proszą mnie rodzice), aby spędził popołudnie, bawiąc się w swoim pokoju. Zawsze takim rodzicom mówię, że tak się nie da. Trzyletnie dziecko może zająć się sobą przez dziesięć minut. A gdy jest świetnie „wytrenowane" – piętnaście.

Nie powiem, że moja córka zajmowała się sobą całe popołudnie, ale naprawdę potrafiła bawić się sama przez dłuższy czas. I miała właśnie trzy latka.

A co robiłaś wcześniej, żeby ją tego nauczyć? Czy czasem nie było tak, że kiedy pracowałaś w domu, ona, bawiąc się, siedziała niedaleko ciebie, a ty wysyłałaś sygnały: „Podoba mi się to, co robisz"? Byłyście niby razem, ale osobno. I ona widziała, uczyła się, że fajnie jest bawić się samej.

Rzeczywiście, często robiłyśmy coś równolegle. Jeśli miała ochotę, to do mnie podeszła, jeśli nie – bawiła się gdzieś w kącie lub w swoim pokoju. A może potrafiła bawić się sama, ponieważ miała mocno rozwiniętą wyobraźnię?

I większość dzieci taką ma. Tylko co robią rodzice? Kiedy dziecko znika im na sekundę z oczu, natychmiast wołają: „Gdzie jesteś?

Co robisz?". Nie pójdą i nie sprawdzą po cichutku, z przyzwoleniem na wyciągnięcie klocków spod łóżka, tylko natychmiast komentują: „Teraz ich nie ruszaj, bo zaraz będzie obiad" albo: „Teraz pójdziemy na spacer". Jeśli widzimy, że dziecko czymś się zajęło, dajmy mu te pół godziny czy dziesięć minut, by mogło się spokojnie pobawić.

Mówisz jakieś przedziwne rzeczy! Ja byłam szczęśliwa, że córka sama się bawi. Myślę, że każda matka powinna być zadowolona, że może poczytać książkę lub poleżeć na kanapie.

Też tak uważam. Tylko problem polega na tym, że matki nie mogą tej pępowiny przeciąć, że trzymają dzieci przy sobie. Naturalną koleją rzeczy jest, że dzieci mające około półtora roku, kiedy zaczynają chodzić, zaczynają się od nas oddalać. Idą metr, pięć, dziesięć, piętnaście. Musimy je kontrolować wzrokiem i czasami zawołać: „Wszystko w porządku?", ale nie możemy ich ograniczać. Ale matki cały czas czuwają: „Nie idź tam! Co robisz? Posiedź tu" albo podążają krok w krok za dzieckiem. Jeśli dziecko chce, niech idzie do swojego pokoju. Tylko wcześniej zróbmy wszystko, żeby było w nim bezpieczne.

A kiedy matka jest zmęczona i marzy o tym, by dziecko na chwilę zajęło się samo sobą, okazuje się, że tego nie umie. Bo ona sama je tego oduczyła. To taki paradoks, który pojawia się w bardzo wielu domach. Poza tym nie uczymy dzieci, jak się bawić, ponieważ dajemy im gotowce. A dziecko nie powinno dostawać zabawki, z którą nie można zrobić nic więcej poza tym, do czego została stworzona. Tu zacytuję zdanie, które usłyszałam od jakiegoś mądrego rodzica: „Kupuję dzieciom zabawki napędzane nie bateriami, lecz wyobraźnią". Dlatego tak fantastyczne są wszelkiego rodzaju klocki, zarówno drewniane, jak i plastikowe. Tylko musimy pamiętać, by pozwolić dziecku zbudować z nich nie tylko to, co jest na dołączonym obrazku. Wysil się! Pomyśl! Chciałabym, żeby dzieci miały takie zabawki, które pozwalają popracować szarym komórkom. Żeby miały w sobie „bawialność".

Ja jako dziecko sporo improwizowałam. Szyszki były ludzikami, kamyki konikami...

Ja też. To zabawa symboliczna, w którą mogą bawić się dzieci powyżej trzeciego roku życia. Wtedy każda rzecz może być wszystkim: krzesła przykryte kocem – zamkiem królewskim, a talerz – jeziorem.

Dzieci mają ogromną wyobraźnię, którą dorośli, często przez własną głupotę, próbują im odebrać. Ale wydaje mi się, że nie da się jej tak do końca zabrać. Bo kupuje się dziecku fantastyczny, reklamowany w telewizji miecz świetlny, a ono, jeśli ma potrzebę, i tak zrobi z niego karabin. Dziecko jest w stanie zmienić nawet „gotowca". Pod warunkiem że pozwolimy mu się nim bawić. Bo znam domy, w których dzieci mają masę zabawek, tylko że się nimi nie bawią. Leżą na szafach, poukładane w pudłach.

Dlaczego?

Właśnie takie pytanie zadaję rodzicom. I słyszę: „Bo się zniszczy, bo się zepsuje, bo dostał od chrzestnej". A po co dostał? Żeby leżało na szafie? To są domy, w których nie ma kredek, ponieważ dzieci porysują ściany, w których rodzice nie kupią plasteliny, bo dzieci zniszczą dywany. Nie ma nożyczek i kolorowych papierów, kleju i farb – bo się pobrudzą. Nie można wychowywać dziecka bez dania mu szansy na rozwój. To jest to, o czym mówiłyśmy, rozmawiając o jedzeniu: dziecko musi pewnych rzeczy doświadczyć, inaczej będzie „upośledzone". Mam na myśli jego rozwój artystyczny, społeczny, emocjonalny. Zabijemy w nim wrażliwość. I co z tego, że potem jako dorosły będzie chodził do muzeów, skoro nie będzie odróżniał kolorów i kompletnie nie będzie rozumiał, o co w tym wszystkim chodzi.

Zabawa to nie tylko forma spędzania czasu. Dzięki niej dzieci są w stanie oswoić trudne, niezrozumiałe dla nich sytuacje z życia dorosłych. Gdy przyglądamy się ich zabawie, widzimy kłótnię rodziców, panią przedszkolankę, która daje klapsy, widzimy dziadka, który narzeka na politykę. Widzimy to wszystko, co dziecko zaobserwowało. A dzieci są fantastycznymi obserwatorami. Zawsze polecam rodzicom, żeby poprzyglądali się temu, w co bawią się ich pociechy, bo to wspaniała lekcja, dzięki której zobaczą siebie.

Myślę, że zabawa ma duże znaczenie terapeutyczne. W świecie dorosłych mówi się o terapii poprzez sztukę. Kiedy dziecko ma kredki, może całe emocje przelać na papier. A jeśli nie będzie mogło tego zrobić, albo będzie je dusić, albo na kimś rozładuje – na matce, koledze, psie.

I tu pojawia się kolejny problem, który nie jest dla mnie zrozumiały: że rodzice nie pozwalają dzieciom na złe emocje. Dzieci powinny być szczęśliwe i zawsze zadowolone, bo przecież nie mają żadnych kłopotów! Matka, której dziecko chwyta czarną kredkę i zamalowuje całą kartkę, wpada w panikę: „Co ty robisz?! Nie wolno!". Obrazek musi być ładny, kolorowy, musi być słoneczko. Wszystko musi być cacy. A przecież dzieci właśnie tak wyładowują emocje. Pamiętam dziewczynkę, która była bardzo nieśmiała, dosyć zamknięta w sobie, a między jej rodzicami były jakieś problemy. Pani pedagog w przedszkolu dała jej duży blok i kazała rysować konkretne rzeczy: misia, samochód, drzewo... Dziewczynka mogła wybrać kolor kredki. Wybrała żółtą i narysowała w samym rogu kartki centymetrowe figurki. Teoria jest taka, że jeśli dziecko w ten sposób rysuje, ma to związek z poczuciem niskiej wartości. Ona ewidentnie miała problemy, ale ja uważam, że w stawianiu diagnoz powinniśmy być bardzo ostrożni. Na przykład mój syn na pytanie, dlaczego rysuje czarną kredką, odpowiedział: „Bo lepiej widać". Więc nie miało to żadnego związku ze smutkiem, któremu czerń jest przypisywana.

Mama tej dziewczynki nie mogła zrozumieć, dlaczego córka nie chce na tej kartce już nic więcej rysować: „Przecież masz tyle wolnego miejsca". Mała tłumaczyła, że to jest skończony rysunek, bo ona już siebie narysowała. Taką malutką, centymetrową. A matka: „Zobacz, to ja tak na czarno ciebie odkreślę, a tu masz jeszcze całą kartkę". Dziecko płakało, histeryzowało i nie mogło wytłumaczyć, że to jest gotowa praca i już nie chce nic więcej rysować. Opowiadam o tym, aby pokazać, jak my, dorośli, jesteśmy niewrażliwi. Bo nam się wydaje, że dziecięca zabawa jest całkowicie niepoważną sprawą.

I że małe dziecko nie może mieć własnej koncepcji.

Oczywiście, że nie. Mój ulubiony przykład: dziecko w pierwszej klasie narysowało czerwone niebo, czarne drzewo i niebieską trawę. Pani od plastyki postawiła mu dwóję, argumentując, że w rzeczywistości tak nie jest. Następnego dnia pojawiła się w szkole dwójka rodziców. Powiedzieli: „Pomijamy fakt, że jesteśmy plastykami, ale czy widziała pani zachodzące słońce? Wtedy właśnie niebo jest czerwone, a to, co znajduje się na jego tle – domy, drzewa – czarne. Syn widział to, będąc z nami, i tak narysował. A poza tym gdzie miejsce na twórczą swobodę? Gdyby wszyscy malowali to, co widać, sztuka nie wyszłaby poza realizm. Absolutnie nie może mu pani postawić dwójki!".

I teraz są dwie sprawy: kiedy dziecko poprzez zabawę uczy się świata, to możemy do tego świata wejść i dowiedzieć się, co ono z niego rozumie. Równocześnie powinniśmy pozwolić mu, by bawiąc się, wymyślało reguły tym światem rządzące. Musimy stworzyć możliwość podejmowania decyzji, dokonywania wyborów. Poprzez zabawę możemy nauczyć dziecko wielu rzeczy. Rodzice jednak uważają ją za coś właściwie niepotrzebnego, nieważnego. I znowu przykład, który często przytaczam: w pokoju siedzi dwoje dzieci. Jedno buduje coś z klocków, a drugie czyta. Wchodzi rodzic i cóż widzi? Jedno dziecko się bawi, drugie się uczy. Które zostanie poproszone o wyrzucenie śmieci?

To, które się bawi.

Oczywiście. Bo nic nie robi! A przecież malec układający klocki manipuluje, czyli kształci rękę i oko. Konstruuje, czyli myśli, projektuje. Dlatego należy te dzieci traktować tak samo, a nie: „Ty się tylko bawisz, więc idź wyrzucić śmieci".

Z jednej strony rodzice chcą, żeby dziecko bawiło się samo, a z drugiej często przerywają zabawę, mówiąc: zostaw na chwilę...

Właśnie o tym chciałam opowiedzieć. Dziecko bawiące się w pokoju coś buduje, poznaje, ogląda. Jest zafascynowane, że coś w środku stuka, i próbuje to zobaczyć. Ma siedem miesięcy, dziesięć, dwa lata. I dostaje komunikat: obiad, spacer, umyj ręce, wynieś śmieci, wyprowadź psa, odrób lekcje. Jak odpowiada najczęściej? „Zaraz. Za chwilę". Bo musi skończyć to, co zaczęło. Oczywiście pojawia się konflikt, ponieważ dorosły stwierdza: „Nie zaraz, tylko w tej chwili!". A dziecko protestuje. I nie ma w tym nic dziwnego. Przecież nikt z nas nie lubi, gdy nad czymś pracuje, a do pokoju wchodzi szef i mówi: „Pani Zosiu, proszę natychmiast przyjść do mojego gabinetu!". Lubimy, kiedy informuje się nas z pewnym wyprzedzeniem. Co stoi rodzicom na drodze, by powiedzieć: „Za dziesięć minut będzie obiad" albo „Jak skończysz budować, pójdziemy na zakupy". Można uprzedzić dziesięć, piętnaście, a może dwie minuty wcześniej, ale trzeba dać dziecku czas na zamknięcie swoich spraw. To bardzo ważne, bowiem konsekwencje mogą być takie, że dziecko nie będzie szanowało cudzego czasu. Bo niby dlaczego, skoro nikt nie szanuje jego! W związku z tym będzie żądać natychmiastowej uwagi: w przedszkolu, w szkole, w relacjach z rówieśnikami. Potem rodzice się dziwią, że ich dziecko „nie ma za grosz cierpliwości", nie potrafi poczekać, że gdy coś chce, musi natychmiast dostać. Ale to oni go tego nauczyli. To oni kazali mu „w tej chwili" skończyć zabawę. Kiedy z nimi rozmawiam, pytam: „Jak byście się poczuli, gdyby szef, partner, ktokolwiek kazał wam przerwać to, czym się zajmujecie i natychmiast zrobić to, o co prosi. „Bylibyśmy oburzeni!". „To dlaczego postępujecie tak w stosunku do swojego dziecka?".

Teraz mi przyszło do głowy, że kiedy dziecko wchodzi całym sobą w zabawę, a matka co chwila mu ją przerywa, może dojść do wniosku, że nie ma sensu nic zaczynać, bo za chwilę i tak mu ktoś przeszkodzi.

Masz rację. W ten sposób dajemy dziecku do zrozumienia, że wszystko co robi, jest nieistotne. Nawet jeżeli umie się sobą zająć, nie ma to większego znaczenia. W konsekwencji pojawia się brak poczucia własnej wartości, myślenie o sobie: „Jestem gorszy. Nic nie umiem". Dziecko buduje coś przez pół dnia, a mamusia wieczorem to sprząta, żeby w pokoju był porządek. Kompletny brak szacunku dla jego pracy! Dla niej to jedynie bałagan.

Dla mnie zabawki na podłodze nie stanowiły problemu. Robiło się tylko ścieżkę.

Oczywiście dziecko trzeba uczyć utrzymywania porządku, ponieważ ma tendencję do bawienia się „warstwami". Jemu nie przeszkadza, że siedzi na „wczorajszych" klockach, a teraz układa już coś zupełnie nowego. Możemy się z nim umówić, co zostawia, a co jest chowane, po to, by miało jak najwięcej wolnej przestrzeni, ale nie dlatego, aby był porządek. Zauważyłam, że dorośli są strasznie na tym punkcie przewrażliwieni. Ostatnio na spotkaniu autorskim jakaś babcia zapytała, jak ma swoją trzynastoletnią wnuczkę zmusić do sprzątania biurka. Spytałam: „A czyje to biurko?". „Wnuczki. Ma na nim taki bałagan, że nie da się pracować". „To pani pracuje przy tym biurku?". „Wnuczka". „A czy jej to przeszkadza?". „Mówi, że nie". „Więc nie rozumiem, dlaczego przeszkadza pani. Przecież to jej biurko!".

Oczywiście możemy odbyć z dzieckiem rozmowę i być może jesteśmy w stanie jakimiś argumentami przekonać je, że nie wszystko musi być na wierzchu, ale są ludzie, którzy zawsze mają tak zwany artystyczny nieład i w innych warunkach nie potrafią pracować. Moja znajoma po wprowadzeniu się do domu nowo poślubionego małżonka ustawiła mu alfabetycznie jego ogromny księgozbiór. Nie był zachwycony. Chciała dobrze, ale zrobiła to po swojemu i wyszło średnio. Znam teściową, która wchodziła do kuchni i mówiła: „Jak ty masz nieekonomicznie poustawiane w szafkach". Po czym zabierała się za przestawianie. To jest mój dom, moje miejsce, moje biurko, moje zabawki i układam je tak, jak mnie jest wygodnie.

A co z niszczeniem zabawek?

Na ten temat mam wywrotowe poglądy. Uważam, że dzieci, które rozkręcają zabawki, sprawdzają, co jest w środku...

Są normalnymi dziećmi.

Jak najbardziej. Mało tego – to są dzieci, z których wyrastają ludzie ciekawi świata, mający odwagę powiedzieć: „To niemożliwe, że tego nie da się otworzyć!".

Ale matkę bardzo często krew zalewa, że kolejna zabawka po godzinie jest popsuta.

To trzeba kupować takie zabawki, które mają w sobie tak zwaną „bawialność", dają się rozłożyć i złożyć, a nie są sklejone na stałe.

Kupujmy więc tańsze zabawki, żeby nam nie było szkoda?

Tutaj bym uważała. Zabawka musi być bezpieczna. A tańsze zabawki niestety często takie nie są, ponieważ bywają źle zrobione, nie wiadomo z czego. Na zabawkach bym nie oszczędzała.

Kupowałabym takie, które mają certyfikaty. Na szczęście jest ich tak dużo, że bez problemu dostosujemy je do upodobań dziecka. Jeśli lubi wszystko rozbierać na części pierwsze – kupujmy mu zabawki, które można rozkładać, a jeżeli lubi zabawki stojące – możemy kupować nawet szklane. Jeżeli lubi układać – kupmy układanki. Ale nie starajmy się uszczęśliwić go na siłę. Na przykład chłopcu, który uwielbia samochody, nie fundujmy ogromnego puchatego misia. Możemy zrobić eksperyment i zobaczyć, czy nie polubi czegoś innego. W tej chwili mamy taki komfort, że możemy iść do sklepu i tam się przyjrzeć, do jakich zabawek dziecko lgnie. Pamiętajmy tylko, aby nie kupować zabawek, które nam się podobają. Też popełniłam taki błąd. Pierwszą zabawką, jaką kupiłam synowi, była lalka Barbie. Bo zawsze chciałam ją mieć. Oczywiście cały czas leżała gdzieś w kącie.

Wracając do twojego pytania na temat niszczenia zabawek. Tak jak powiedziałam – jeśli dzieci rozbierają je na części pierwsze z ciekawości, to wszystko w porządku. Ale są dzieci, które rzeczywiście niszczą zabawki z czystej chęci destrukcji, i wtedy mówimy: „Skoro zniszczyłeś zabawki, to je wyrzucamy, a nowych nie dostaniesz".

Może należałoby się zastanowić, dlaczego tak się zachowują?

Dzieci niczego nie robią bez powodu. Wielu zapracowanych rodziców zawsze wraca do domu z prezentem. Efekt jest taki, że dziecko przenosi swoją miłość do rodzica na miłość do zabawki. Nie czeka na mamusię czy tatusia, tylko na to, co mu przyniosą. I dostaje od nich coraz lepsze zabawki. Lecz w pewnym momencie już mu to nie wystarcza. Zaczyna je niszczyć, tym samym informując: „Nie chcę zabawek, chcę ciebie!

Chcę, żebyś poświęcił mi uwagę, chcę pójść z tobą na spacer, chcę, żebyśmy razem poleżeli na podłodze!".

Pracowałam w domu, w którym były pozrywane tapety, ogromne dziury w ścianach, pourywane kontakty, rozwalone szafki i porozrzucane wszystko, co można rozrzucić. Horror! A była to robota dwóch małych chłopców, którzy w ten sposób chcieli ukarać matkę za to, że nigdy nie było jej w domu.

Ale oczywiście może się też zdarzyć, że niszczenie zabawek wynika z jakiegoś mikrouszkodzenia mózgu, że dziecko, które w ten sposób się zachowuje, po prostu ma tendencję do niszczenia na złość.

Przenieśmy się do piaskownicy. Dziecko bawi się samochodzikiem i za nic nie chce go pożyczyć koledze, chociaż matka tłumaczy: „Kubusiu, tak nie wolno! Trzeba się dzielić z innymi dziećmi!".

No dobrze. Teraz wyobraź sobie taką sytuację: siedzisz u mnie na kanapie i masz bardzo ładną torebkę. Daj mi ją na chwilę, zobaczę, co w niej masz. Czymś się pobawię, coś zepsuję, złamię twoją ulubioną pomadkę. Pozwolisz mi na to?

W życiu!

No widzisz. A my dzieciom mówimy, że mają tak robić. Oczywiście dzielenie się jest jak najbardziej w porządku, ale każdy z nas ma potrzebę posiadania: „To jest moje! Mogę się tym podzielić lub nie, ale proszę mnie do tego nie zmuszać!". Jednemu dziecku dam, bo pachnie ładnie, bo ma ładny uśmiech, a drugie mnie z jakiegoś powodu wkurza. Tak jak między dorosłymi. Jednej osobie pożyczysz klucze do mieszkania, bo masz do niej zaufanie, a innej za Chiny Ludowe! I nieważne, czy jest to ktoś z rodziny, młodszy, starszy, kobieta czy mężczyzna – po prostu jest między wami jakaś chemia. I dlatego dziecko jednemu da łopatkę, a drugiemu nigdy. Dzieci to też jest społeczność, więc nie namawiajmy ich, aby się wszystkim dzieliły. Uszanujmy to, że dziecko nie chce tego zrobić, natomiast w domu spróbujmy z nim porozmawiać o tym, że pewne rzeczy są jego, a pewne wspólne. Takie, którymi bawi się z rodzeństwem czy kolegami. I bierzmy do piaskownicy tylko rzeczy „wspólne". To musi trwać długo i trzeba to robić bardzo delikatnie, bo jeżeli przekroczymy w głowie dziecka jakąś granicę, to im bardziej będziemy naciskać, tym większy będzie jego opór. Dziecko jest w stanie nawet zniszczyć swoją zabawkę, byle tylko jej innemu nie musieć pożyczać. Zaczyna działać trochę jak pies ogrodnika – sam nie zje, a drugiemu nie da. Oczekiwanie rodziców, że dzieci będą się chętnie dzielić na wejściu, jest chciejstwem czegoś, co jest wbrew naturze.

Ale rodzice chcą w ten sposób nauczyć dziecko żyć z innymi. Dzielenie się jest takie społeczne, szlachetne: „Podziel się posiłkiem z bliźnim. Pomóż drugiemu".

„Pomóż drugiemu" jest zupełnie czymś innym. To ma związek z empatią, którą dzieci mają. One na ogół pomagają, a my je wstrzymujemy. Z kolei dzielenie się nie zawsze musi dotyczyć własności; to może być użyczenie czegoś, podzielenie się miejscem. Może też być podzieleniem się na zasadzie wymiany. Jeżeli w piaskownicy dziecko usiądzie na swojej łopatce, ale będzie chciało łopatkę kolegi, musimy mu wytłumaczyć: „Chcesz łopatkę chłopczyka, to daj mu swoją". Wymień się. Ale rozwiązanie „daj mu swoją łopatkę i patrz, jak się nią bawi, podczas gdy ty jesteś nieszczęśliwy" dobrym rozwiązaniem nie jest.

A co się może zdarzyć, jeśli będziemy zmuszać dziecko, aby wszystkim się dzieliło?

To może wywołać u dziecka niechęć do posiadania czegokolwiek. Po co mam mieć, skoro i tak muszę oddać? Po co mam do czegoś dążyć? Własnoręcznie zaciągamy hamulec dziecięcej motywacji. Oczywiście tak może się zdarzyć, ale nie musi. Drugą rzeczą, która wtedy nasila się u dzieci, jest chowanie tego, co dostaną. Nikomu nie pokażą, będą się tym potajemnie bawiły. Zjedzą batonika pod kołdrą, żeby tylko się nie podzielić. Rozumiem, że rodzice o to dzielenie się walczą. Ale nie powinni tego robić za wszelką cenę. Ostatnio pewna mama powiedziała: „Mam trójkę dzieci. Kiedy jedno z nich dostaje od znajomych czekoladę na urodziny, nie mogę pozwolić, by dwójka patrzyła, jak sam ją zjada. To chyba oczywiste, że każę mu podzielić się z rodzeństwem". Matczynym obowiązkiem jest powiedzieć znajomym, że czekoladę przynosi się dla całej trójki (mimo że tylko jedno dziecko ma urodziny). Wtedy wszystkie dzieci dostają czekoladę, a solenizant dodatkowo życzenia. Jest jeszcze wariant drugi: posiadanie dwóch czekolad dyżurnych. Podobnie zachowujemy się, gdy rodzi się nowe dziecko i wszyscy przybiegają bejbisia oglądać. Wtedy musisz mieć dla starszego rodzeństwa prezenty i musisz powiedzieć znajomym, by odwiedzając wasz dom, również się w nie zaopatrzyli. Nie może być tak, że starsze dziecko ma siedzieć cicho, a wszyscy pieją: „Jaki śliczny bobasek!".

Załatwiłyśmy sprawę łopatki, którą dziecko nie chce się dzielić, ale jest jeszcze inny problem: dziecko nie chce się bawić z Krzysiem, Zosią i Anią. A my chciałybyśmy, żeby bawiło się ze wszystkimi.

Przecież my też, jeśli kogoś nie lubimy, unikamy z nim kontaktu! Dorośli zabijają w dzieciach pewien instynkt. Zauważyłaś, że kiedy odwiedzają nas goście, dziecko z jednymi się wita, a na innych patrzy z dystansem. „No, przywitaj się z wujkiem!". A dziecko nie chce. Trudno. To problem wujka. Niech się zastanowi, co w nim jest takiego, że dziecko, które ma niebywałą wrażliwość na ludzi, czuje do niego niechęć. Moja najlepsza przyjaciółka ma dzieci w podobnym wieku jak moje. Razem chodziłyśmy na spacery, razem spędzałyśmy urlopy. I nasze dzieci, dopóki były małe, bez problemu się ze sobą bawiły. Ale ich drogi zaczęły się rozchodzić, ponieważ tamte dzieci mają inne zainteresowania. Kiedy się spotkają, potrafią się bawić, rozmawiać, ale nie ma między nimi przyjaźni, ponieważ nie są z tej samej bajki. A my, żeby naszą przyjaźń utrzymać, musiałyśmy się na to zgodzić. Oczywiście wolałybyśmy, żeby nasze dzieci były ze sobą tak blisko jak my, ale nie da się tego załatwić odgórnie, bo każdy z nas wybiera na przyjaciela konkretnego człowieka. I tak samo jest z dziećmi. Wchodzisz do grupy w przedszkolu i od razu widzisz: gwiazdę, odrzuconych, kumpli. Mój syn, kiedy poszedł do przedszkola, od razu zakochał się w pewnej dziewczynce i tylko dla niej do tego przedszkola chodził. Kiedy jej nie było, był dramat – nie chciał iść, bo nie miał najmniejszego powodu. Musimy to zaakceptować. Nie ma tak, że wszyscy będą się kochać i ze wszystkimi bawić. To jedno z błędnych przekonań, które rodzice wpajają dzieciom: wszyscy muszą cię lubić i ty musisz lubić wszystkich. Nie muszę lubić wszystkich. I nie wszyscy muszą mnie lubić. Bo są ludzie, którzy na przykład nie lubią grubasów. I ja od razu przepadam.

Ale gdybyś schudła, to z kolei inni by cię nie lubili, dlatego że udało ci się parę kilogramów zgubić.

Dlatego ja muszę być w tym wszystkim najważniejsza. Uważam, że powinniśmy być egoistami. Zdrowy egoizm jest potrzebny od początku. Kiedy pracuję w domach, w których jest dwójka czy trójka dzieci, każde dostaje swoje pudło z zabawkami. I kiedy drugie dziecko chce wziąć zabawkę, musi dać się pobawić swoją. Oczywiście mają też zabawki wspólne.

Porozmawiajmy teraz o innym problemie: moje dziecko cały czas tylko by się bawiło. A tu trzeba pójść do szkoły!

Jeżeli chcemy, żeby dziecko umiało podjąć obowiązki (a nauka do obowiązków należy), musimy pamiętać, że czas człowieka dzieli się na trzy etapy: czas zabawy, czas nauki i czas pracy. I można cofać się w czasie, czyli dorosły może pracować, bawić się i uczyć, natomiast dziecko może tylko się bawić. Jeśli przekroczy pewną granicę wieku, może się już uczyć i jeszcze bawić, ale jeszcze nie powinno pracować. W związku z tym jeśli chcemy, żeby dziecko naturalnie przeszło przez te wszystkie etapy i doszło do ostatniego pod tytułem praca, to musimy go do obowiązków przyuczać. Czyli od małego powierzać mu drobne obowiązki domowe. Dziecko, które umie chodzić, może nam już w domu w pewnych sprawach pomagać. Możemy niektóre zabawy nazywać nauką: „Teraz się pouczymy". I bawimy się z nim w coś, co jest dla niego atrakcyjne. Broń Boże nudne! Dlaczego? Ano dlatego, że dzieciom nauka kojarzy się z nudą, z obowiązkiem, z karą, z siedzeniem, z czymś nieinteresującym. Więc koło czwartego, piątego roku życia trzeba pokazać dziecku w zabawie, jak nauka może być ciekawa. I na przykład uczymy się, jak toczy się kulka po dywanie, a jak po podłodze. Pracowałam z chłopcem, który kompletnie nie rozumiał, po co uczy się czytać: „Przecież wszystko mi czyta mama!".

Wytłumaczyłam mu: „Chociażby po to, żebyś mógł do mnie napisać list. Po to, żebyś mógł sam przeczytać swój ulubiony komiks. Byś mógł schować się z książką i latarką pod kołdrą w nocy". I on siedział w nocy pod kołdrą z latarką, oglądając komiks, bo jeszcze nie umiał go przeczytać! Ale jakaś klapka w jego głowie się otworzyła.

„Moje dziecko cały czas się bawi". Bawi się, ponieważ wtedy robi to, co zna najlepiej. A po drugie zamiana na coś mniej atrakcyjnego jest nieinteresująca. Oczywiście dla starszego dziecka obowiązki domowe czy szkolne są mniej atrakcyjne niż spotkania ze znajomymi. Ale każdy dorosły tak ma – jeśli musimy iść do jakiegoś urzędu, to świetnie się nam sprząta mieszkanie. Gdy właśnie musimy zrobić pranie, chce nam się przekopać działkę. Robimy wszystko, tylko nie to, co powinniśmy. I dzieci zachowują się dokładnie tak samo, tylko robią to mniej świadomie. To troszkę ucieczka w zabawę, robienie tego, co jest znane, łatwiejsze, atrakcyjne. Oczywiście nie wolno na to dziecku pozwolić, dlatego że możemy doprowadzić do tego, że w każdej trudnej sytuacji będzie robić krok do tyłu. Ale z drugiej strony nie możemy go do nauki zmuszać, żeby nie utożsamiło uczenia się z karą. Nie można budować w dziecku poczucia, że uczy się za karę. Niestety zmuszanie jest powszechnym grzechem rodziców. Na różnych płaszczyznach.

Uważam, że w wykonywaniu każdej czynności można znaleźć element zabawy. Życie jest na tyle krótkie, że należy je sobie uprzyjemniać. Oczywiście jako istoty społeczne nie możemy myśleć tylko o sobie, ale myślenie o innych też może być dla nas przyjemne. Praca również może być przyjemnością, tylko trzeba robić to, co się lubi. Nauka pisania, czytania też może być frajdą, tylko trzeba nad tym odpowiednio popracować. Tutaj dużą rolę odgrywa szkoła, ale to temat na osobną rozmowę.

Uważam, że dzieci chodzą do niej trochę za karę. Ostatnio dyskutowałam o tym z moim synem. Spytał mnie: „Dlaczego najlepsze lata życia spędzam w szkole?". Niestety wydaje mi się, że to pytanie pozostanie bez odpowiedzi przez najbliższe pięćdziesiąt lat.

6. MOJE DZIECKO WSZYSTKIEGO SIĘ BOI

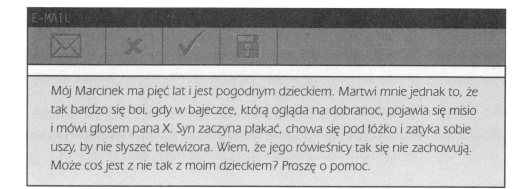

E-MAIL

Mój Marcinek ma pięć lat i jest pogodnym dzieckiem. Martwi mnie jednak to, że tak bardzo się boi, gdy w bajeczce, którą ogląda na dobranoc, pojawia się misio i mówi głosem pana X. Syn zaczyna płakać, chowa się pod łóżko i zatyka sobie uszy, by nie słyszeć telewizora. Wiem, że jego rówieśnicy tak się nie zachowują. Może coś jest z nie tak z moim dzieckiem? Proszę o pomoc.

Ten list dostałam z telewizji – z biura kontaktów z widzami. Dotarłam do producentów programu i okazało się, że nie był to jedyny taki przypadek. Na szczęście okazało się, że ktoś rozsądny zadecydował, by zmienić osobę, która podkładała głos misia. Generalnie jednak dorosłym nie przychodzi do głowy, że tembr głosu może u dzieci wzbudzać lęk. A tak bywa dość często. Kiedy mój syn był maleńki, chodziłam z nim na spacery do parku. Do tego samego parku przychodził też pewien tata z córeczką. Jak to bywa wśród rodziców dzieci w tym samym wieku, zaczęliśmy ze sobą rozmawiać. Po niedługim czasie zauważyłam, że kiedy mój nowy znajomy się odzywał, syn zaczynał płakać. Aby sprawdzić, czy moje podejrzenia są słuszne, parę razy zrobiłam eksperyment: kiedy szliśmy razem, pchając wózki, a mój syn siedział wesolutki jak skowronek, prosiłam znajomego, aby się odezwał. I wystarczyło, że powiedział kilka słów, a moje dziecko zaczynało płakać. W jego głosie było coś, co wywoły-wało u mojego syna niepokój. Oczywiście aby nie narażać go na niepotrzebny stres, więcej się nie spotkaliśmy.

Jako rodzice musimy być bardzo czujni, gdyż dzieci boją się przeróżnych rzeczy. Czasami jest to dla nas kompletnie niezrozumiałe. Na przykład dziecko nie chce wejść do poko-ju, ponieważ boi się koloru ścian czy kształtu mebli. Do tego dochodzi jakieś światło, zapachy, nowi ludzie i tysiące innych rzeczy. I nie jest tak, że każdy z tych bodźców działa osobno: one się sumują i poziom lęku wzrasta. Efekt jest taki, że dziec-ko zaczyna histeryzować. A najgorsze w tym wszystkim jest to, że dzieci boją się nam o tym powiedzieć, ponieważ słyszą, że powinny być dzielne.

Patrzymy na problemy dziecka z pozycji dorosłego. Mówi się, że partnerstwo pomiędzy dorosłym a dzieckiem jest nie-możliwe. Ja myślę, że to nieprawda, ale uda się tylko wtedy, kiedy dostosujemy się do jego poziomu.

To znaczy?

Nie możemy dziecku opowiadać o problemach w pracy i oczeki-wać, że nas zrozumie. Możemy natomiast wysłuchać opowieści dziecka o tym, jak przestraszyło się mrówek albo biedronek albo że umarł gołąbek. Spróbujmy postarać się wczuć w to, co prze-żywa. Mówiłam wcześniej, że jeśli podczas rozmowy chcemy nawiązać dobry kontakt z dzieckiem, musimy zniżyć się do po-ziomu jego wzroku. Podobnie postępujemy wtedy, gdy chcemy być dla dziecka partnerem. Aby zrozumieć jego punkt widzenia, żeby pobawić się z nim na jego warunkach, musimy położyć się na podłodze, musimy poczuć, co widzi z poziomu własnego wzrostu. Zupełnie inaczej wygląda samochód, pędzący rower czy pies, kiedy ma się tego wzrostu metr dziesięć! Rodzice przekonują: „Nie bój się pieska. Jest taki milutki!". Tylko że oni mają metr siedemdziesiąt i patrzą na niego z góry, a dziecko ma pysk psa na wysokości twarzy. Wyobraźmy sobie, że spotykamy zwierzę, które jest naszego wzrostu. Naturalnym odruchem jest zrobienie dwóch kroków w tył. Z punktu widzenia dziecka pies jest dużym zwierzęciem, i ma prawo się go bać. Dlatego tak ważne jest partnerstwo na poziomie dziecka. Niestety nie wychodzi nam to. Mówimy dziecku: „Nie bój się tej pani! Nie bój się tego pana!". Ale ci ludzie inaczej pachną niż to, co dziecko zna z domu. Małe dziecko, które po raz pierwszy wchodzi do żłobka lub do przedszkola, oprócz naturalnego lęku przed separacją, obawy przed rozstaniem z mamą (dla niego gdy mama znika w drugim pokoju, to nie wiadomo, czy wróci), dostaje kilkaset nowych bodźców. A wiadomo (i to dotyczy również dorosłych), że bardzo wielu z nas obawia się nowych sytuacji. Najpierw musimy obejrzeć, zastanowić się, poznać. Jedni wchodzą w to szybciej, drudzy wolniej, ale nigdy nie rzucamy się na hura.

Natomiast dziecku się dziwimy. Według nas powinno z zachwytem wejść do nowego pomieszczenia, w którym wszystko jest nowe: światła, dzieci, zapachy, powierzchnie, których dotyka. Uważam, że powinno się organizować dni otwarte, by w obecności rodziców móc oswoić dziecko z nowym miejscem. Wspólne zwiedzanie przedszkola, szkoły, w którym będzie spędzać czas, żeby wiedziało, co jest za tymi drzwiami, dokąd prowadzą te schody. To, że w nowym miejscu uśmiecha się do dziecka jakaś obca kobieta, nie pomaga przełamać jego nieufności. Dzieci mają ogromną intuicję i czują, że pani, która uśmiecha się do sześćdziesiątego dziecka, nie robi tego z głębi serca. Nie wiedzą, że jest po prostu zmęczona. Myślą,

że ich nie lubi. Nie mamy świadomości, że wykonujemy całą masę gestów, których dzieci się boją. Znam takie, które w momencie gdy dorosły podnosił rękę, żeby im coś pokazać, po prostu uciekały.

Czego jeszcze boją się dzieci?

Różnych rzeczy: kolorów, dźwięków i przede wszystkim – ciemności. Dlatego kompletnie nie rozumiem rodziców, którzy upierają się, żeby dziecko spało w ciemnym pokoju i z jakiegoś nieznanego mi powodu gaszą wszystkie światła. Uważam, że jest to na granicy znęcania się. **Jeżeli dziecko daje nam sygnał, że wolałoby, aby świeciła się lampka, żeby była minimalna poświata, by czuło się bezpiecznie, widząc kształty, należy to uszanować i zrobić tak, jak sobie życzy.**
Znam dorosłych, którzy również boją się spać w ciemności. Bo wtedy natychmiast pobudzają się inne zmysły. Od razu więcej i dokładniej słyszymy. Również dźwięki z własnego organizmu: łomocze nam serce, słyszymy przyspieszony oddech. Jeżeli w pokoju jest półmrok, widzimy znajome przedmioty – czujemy się bezpiecznie. I takie poczucie bezpieczeństwa powinniśmy dziecku zapewnić.
Kolejna rzecz, która jest dla mnie absolutną zagadką, a wkurza potwornie, to straszenie dzieci różnymi rzeczywistymi bądź wymyślonymi postaciami.

Słynny listonosz, który cię zabierze?

Listonosz, Baba-Jaga, Czarny Lud... Byłam w domu, w którym dziecko straszone było jakimś nieokreślonym wikingiem. A potem dziwimy się, że dziecko nie chce spać! Ale to jeszcze nic. Zwróciłaś uwagę, jak zachowują się matki na ulicy? Idzie matka z popłakującym dzieckiem i grozi mu, pokazując na przechodzącą obok kobietę: „Przestań płakać, bo zaraz cię ta pani zabierze!". Kompletnie nie rozumiem takiego zachowania. Jak można z premedytacją kogoś straszyć? Przecież nikt nie lubi się bać. Wyjątkiem są ci, którzy lubią się bać w sposób kontrolowany – którzy oglądają specyficzne filmy lub szukają sytuacji związanych z lękiem, by w ten sposób udowodnić sobie, że nad nim panują.

Od dziecka oczekujemy, aby było odważne, aby w każdą nową sytuację wchodziło bez oporów, aby w nowej grupie dzieci było królem życia. A czy my sami tacy jesteśmy? Wyobraźmy sobie, że szef nagle przenosi nas ze znanego nam czwartego piętra na siódme i wpycha do nowego działu, w którym nikogo nie znamy. Może nie będziemy się bać (bo jako dorośli mamy już doświadczenie i wiemy, jak w takiej sytuacji należy się zachować), ale na pewno będziemy ostrożni. Dzieci tego doświadczenia nie mają i w naturalny sposób się boją. Ważne jest, żeby nauczyć je mówić o swoich emocjach, o tym, czego się boją, no i unikać tego.

Ale chyba powinniśmy nauczyć dziecko, by nie miało zaufania do obcych? By zachowało ostrożność, gdy je ktoś na ulicy zaczepia?

Jak najbardziej. Tylko chodzi o to, żeby nauczyć dziecko nie słuchać nieznajomych, którzy proponują: „Zaprowadzę cię do mamusi, dam ci cukierka, podwiozę cię samochodem, pomogę ci coś zrobić", ale nie wpajać mu lęku. Nie mówić, że wszędzie czyha nieszczęście, że po świecie chodzą sami źli ludzie. Chociaż ja też miałam taki pomysł. To było w okresie, kiedy wszyscy uczyliśmy się, że obcy może być niebezpieczny. Kiedy weszliśmy

w czasy, gdy przed szkołami wyrostki zaczęły rozdawać dzieciom gumy do żucia, które potem okazywały się psychotropami. Mówiłam więc synowi: „Nie wolno ci brać niczego od obcych. A jeżeli już weźmiesz, bo wszyscy będą brali i nie dasz rady odmówić, chowasz to do kieszeni i przynosisz do domu". Pamiętam, jak przyszedł ze szkoły zapłakany. Pytam: „Co się stało?". „Bo Wojtek miał urodziny!". „To świetnie!". „Ale ja nie wziąłem cukierka!". „Dlaczego?". „Bo Wojtek jest obcy!". I musiałam mu tłumaczyć, że nie o takich obcych chodziło.

Powinniśmy dziecko nauczyć ostrożności. Bo ostrożność jest dobrym doradcą, a lęk – złym.

Wydaje mi się, że dzieci z natury nie są zbyt lękliwe. Zobacz, jak potrafią wchodzić na drzewa!

Dzieci nie mają wyobraźni, w związku z czym w niektórych sytuacjach boją się mniej niż my. Ja też jako dziecko wdrapałam się na wysokie drzewo, tylko gdy spojrzałam w dół, tak się przestraszyłam, że nie było mowy, abym sama zeszła. Musieli mnie zdjąć.

To co powinien mówić rodzic? Nie wchodź na drzewo, bo możesz nie zejść?

Absolutnie nie. Ma uczyć dziecko, jak z tego drzewa zejść.

Rozumiem, że trzeba małym dzieciom pozwolić wchodzić na drzewo, huśtać się na huśtawce i skakać z płotu.

Oczywiście. Bo i tak będzie chciało sprawdzić, czy to potrafi. Tyle tylko że zrobi to bez nas. Matka, która krzyczy: „Nie wchodź na drzewo, bo spadniesz!", robi najgłupszą rzecz na świecie. Ona powinna stać pod drzewem i dziecko prowadzić: „Złap teraz tę gałąź na górze. Uważaj. Dobrze stawiaj stopę. Świetnie! A teraz idź na dół". Matka powinna dziecku pomóc się skoncentrować, a nie dekoncentrować je, mówiąc, że spadnie. Bo ono wtedy źle chwyta gałąź i spada. Naprawdę bardzo łatwo jest dziecko przestraszyć.

Przestraszyć, to znaczy zaszczepić w nim strach?

Tak. Natomiast potwornie trudno jest spowodować, żeby ten lęk zaszczepiony przez nas wcześniej zniknął. Dlatego że ta niepewność w dziecku już jest. Już doświadczyło emocji związanych ze strachem. Już zna to kołatanie serca.

Oczywiście niektórzy rodzice straszą dzieci w pełni świadomie, wyrządzając im tym krzywdę na całe życie, ponieważ nie jest tak, że dziecko jutro czy pojutrze o tym zapomni. Matka, która mówi córce: „Jak będziesz niegrzeczna, to cię zostawię!", sprawia, że ta dziewczynka będzie miała potworne problemy z rozstaniami, że każde jej wyjście do przedszkola czy matki do pracy będzie się wiązało z potwornym lękiem, że zostanie na zawsze sama. Albo teksty typu: „Jak będziesz niegrzeczny, to nie odbiorę cię od babci!" lub gdy rodzice są rozwiedzeni: „Jak będziesz taki niedobry, to odwiozę cię do ojca. Ja niegrzecznego dziecka nie chcę!".

Powiedziałaś sporo o tym, jak rodzice celowo wpędzają dzieci w lęk, a teraz chciałabym porozmawiać o tym, co robią, aby ich dziecko się nie bało i zawsze było odważne...

I wysyłają nieśmiałe dziecko na obóz przetrwania.

Może zacznijmy od maluchów. Jakie błędy popełniają w przypadku dwu-, trzylatka? Pamiętam jak przez mgłę, że jest taki okres w życiu dziecka, gdy nawet to z natury najbardziej odważne na widok nieznanej osoby ogarnia strach.

Taki okres dziecko przeżywa dwa razy. Pierwszy raz – około ósmego miesiąca życia, kiedy dziecko na widok nowej osoby z płaczem wtula się w matkę. To klasyczna reakcja, związana z rozwojem dziecka, która na ogół dosyć szybko mija. Trzeba tylko pamiętać, by na siłę (co niestety rodzice często robią) nie odrywać zapłakanego dziecka i nie wręczać tej drugiej osobie, żeby się „oswoiło". Tekst: „Nie bój się cioci!" na pewno do niego nie dociera, więc absolutnie nie wolno tego robić. To jest czas, kiedy dziecko ma pełne prawo obawiać się nieznanej osoby.

Drugi taki okres zaczyna się około drugiego roku życia. Powiedziałabym, że lęk, który wtedy obserwujemy, bardziej związany jest ze wstydem. To charakterystyczne chowanie się za mamą czy tatą i wychylanie zza nich głowy. Należy pozwolić dziecku te emocje przeżyć. Po prostu nie zwracać na nie uwagi. Nie kazać witać się ze wszystkimi, nie wypychać, by pokazało, jak tańczy czy powiedziało wierszyk, ponieważ dziecko będzie wiedziało, że coś jest nie w porządku. I pomyśli, że to jego zachowanie jest złe. A jego zachowanie jest jak najbardziej naturalne. Zresztą, czy my, dorośli, nie postępujemy podobnie? Przecież kiedy znajdujemy się w nowej sytuacji, najpierw bacznie się przyglądamy, oceniamy, szacujemy swoje możliwości, zastanawiamy się, a potem albo wchodzimy w nią, albo się wycofujemy. Nie jest tak, że gdy otwierają nam klatkę z lwem, wchodzimy i jesteśmy macho. I dzieci mają tak samo. Zza mamy najbezpieczniej. Kiedy wychodzę na spacer z psem i pojawia się pies, którego mój widzi po raz pierwszy, robi dokładnie to co małe dziecko – chowa się za mnie, wystawia głowę i czeka, co zrobię. Nie reaguję, więc nabiera odwagi i wychodzi. I zaczynają się relacje. Tak samo jest z dziećmi. Nie zwracajmy uwagi. Pozwólmy dziecku samodzielnie wykonać pierwszy krok. Bo jeśli będziemy naciskać, dziecko może zamknąć się w sobie. **Nie starajmy się na siłę przełamywać strachu, bo to naprawdę zła metoda.** Jeśli mierzysz za ciasne buty, to czy je wciskasz na siłę? Nie. Bierzesz większe. Pozwólmy więc dziecku przełamywać obawy w jego tempie i w znanym mu środowisku. Jeśli boi się innych dzieci, to zaprośmy do domu jedno dziecko. Potem możemy zaprosić następne. A potem wyjdźmy z nimi z domu w znane dziecku miejsce. Za każdym razem musimy to robić powoli i z rozwagą. Poza tym, tak jak powiedziałam, z pewnych rzeczy (na przykład lęku przed obcymi) dziecko wyrasta.

Ale z innych nie. Znam dorosłych, którzy cały czas boją się spać w ciemnym pokoju i muszą mieć jakąś minimalną poświatę.

Dlatego właśnie tak ważne jest, aby nie wytworzyć tego lęku w dzieciństwie. Faktycznie, jeśli chodzi o zasypianie przy zapalonym świetle, na ogół dzieci z tego nie wyrastają. Chociaż w okolicach piątego roku życia zwykle już im obojętne, czy lampka się pali, czy nie.

Ale są jeszcze lęki dzieci związane z wodą, z prysznicem, z zalewaniem twarzy. Po prostu rozszarpałabym matki, które twierdzą, że to nie jest problem.

I co w takiej sytuacji możemy zrobić?

Trzeba przełamywać ten strach bardzo delikatnie. Kupujemy specjalny czepek, który zabezpiecza oczy przed zalaniem wodą. Dajemy ręcznik, by w razie potrzeby dziecko mogło samo wytrzeć twarz. Generalnie – wymyślamy piętnaście różnych sposobów. I pamiętajmy, że opanowywanie różnych lęków to proces długotrwały. Kiedy wychodzę z psem, często spotykam dzieci, które uciekają nawet przed szczeniakiem. Zawsze przy takim dziecku się zatrzymuję i tłumaczę rodzicom, że dziecko nie powinno bać się psów (nie może też być nad wyraz odważne, ma być ostrożne). Bo jeśli pies wyczuje lęk, chce dominować. A kiedy chce dominować – może ugryźć. I w ten sposób mamy samospełniającą się przepowiednię. Takim dzieciom mówię: „Jeżeli chcesz pogłaskać pieska, możesz wyciągnąć rękę. On ci nic złego nie zrobi". Rozmawiam, opowiadam, ale nie zmuszam, nie wyciągam jego ręki i nie podstawiam psa. To dziecko musi podjąć decyzję. Ono musi zdecydować, w którym momencie tę rękę wyciągnąć. I czy w ogóle to zrobić.

Tak samo jest z każdym zachowaniem dziecka. Jeżeli chcemy, by coś zrobiło, musimy zaczekać, aż podejmie decyzję. Mówimy raz i czekamy, aż będzie gotowe: pogłaskać psa, spróbować nowego jedzenia, wsiąść na rower.

Zatrzymajmy się przy rowerze. Czy zauważyłaś, że rodzice bardzo często chcą, by ich dziecko jak najszybciej zaczęło jeździć na rowerze, na nartach, grać w tenisa?

W rozwoju dziecka na wszystkie rzeczy jest najlepszy, czas. I wtedy dobrze jest dziecko w tej nauce wspomagać. Na przykład kiedy niemowlak zaczyna przekręcać się z boku na bok, trzeba zapewnić mu dużo miejsca, a nie trzymać w wózku przez cały dzień. Potem, kiedy dziecko zaczyna raczkować, znowu trzeba poszerzyć mu przestrzeń. A kiedy zaczyna wstawać, trzeba ją szczególnie zabezpieczyć, żeby mogło swobodnie chodzić. Potem dziecko zaczyna się wspinać i postanawia wsiąść na rower. Dzieje się to mniej więcej między drugim a trzecim rokiem życia. I wtedy najlepiej jest je nauczyć, ponieważ wtedy nie boi się nowych rzeczy. Jeśli natomiast przegapimy ten moment, bo to my boimy się, że spadnie z rowerka i zrobi sobie krzywdę, to efekt będzie taki, że będziemy mieć strachliwego pięcio- czy sześciolatka. Bo jest jeszcze jedna rzecz – dziecko od małego uczy się swojego ciała. Ma z nim straszny problem. My już wiemy, jaką mniej więcej mamy wagę, jak szerokie są nasze ręce, jak długi robimy krok. Mniej więcej wiemy, ile miejsca zajmujemy w przestrzeni. Natomiast dziecko ma z tym kłopot z prostego powodu – ponieważ rośnie. Ono się dynamicznie zmienia wobec otaczającego świata. „Wczoraj jeszcze nie dosięgał do włącznika, a dzisiaj tak".

Wracając do roweru. Rower to głównie równowaga. Dwu-, trzyletnie dzieci zaczynają chodzić po krawężnikach. Nikt ich do tego nie namawia, ale widocznie gdzieś w ich głowach pojawia się myśl, że muszą ćwiczyć równowagę. I to jest moment wsiadania na rower. A jeśli zabraniamy dziecku ćwiczyć: „Nie chodź po krawężniku, bo spadniesz!", a chwilę później nie dajemy mu wsiąść na rower, bo się zabije, i chcemy nauczyć je jeździć na rowerze, gdy ma pięć czy siedem lat, jest zdecydowanie trudniej. Bo dziecko wie, że może spaść, już wie, co to ból, bo parę razy w życiu się przewróciło. Więc pamiętajmy – na opanowanie każdej umiejętności jest odpowiedni czas. Tak samo jest czas na narty, czas na rolki, na gimnastykę, na judo. Kiedy dzieci są małe, są bardziej elastyczne, w związku z czym te wszystkie fikołki i przewroty wychodzą im dużo

lepiej niż wtedy, gdy mają lat siedem czy osiem i są już usztywnione. Rozumiem jednak, że rodzice nie mają skąd tej wiedzy brać.

Ty też do końca wszystkiego nie wyjaśniłaś. Już widzę matkę, która czyta ten rozdział i stwierdza: „No dobrze, ale dlaczego ta Zawadzka nie powiedziała mi, kiedy dla mojego dziecka jest najlepszy czas na naukę karate!".

Nie ma wspólnych wyznaczników dla wszystkich dzieci, bowiem rozwijają się one w różnym tempie. Musimy mieć ogólną wiedzę o tym, jak wygląda proces rozwojowy i uważnie dziecko obserwować. Wiadomo, że najpierw dziecko zacznie się przekręcać z boku na bok, potem siadać, potem raczkować, potem wstawać. Ale zdarza się, że dziecko nie raczkuje i jak tylko nauczy się siadać, od razu wstaje. I druga rzecz – nie wszystkie dzieci opanowują te umiejętności w tym samym wieku. Nie jest tak, że wszystkie trzylatki zachowują się tak samo. One są gotowe na pewne rzeczy bardziej niż wtedy, gdy miały dwa lata. Ale nie wszystkie dzieci lubią rower, nie wszystkie lubią narty. Poza tym musimy pamiętać, że jeśli my nie przepadamy za sportem, nasze dziecko prawdopodobnie też nie będzie. A z drugiej strony może się zdarzyć, że dziecko usportowionych rodziców będzie odczuwało lęk, tak jak pięciolatek, którego widziałam na stoku. Matka i ojciec jeździli na nartach rewelacyjnie, a dzieciak darł się ze strachu, ponieważ rodzice chcieli, żeby już jeździł, a na dodatek tak szybko jak oni. A moje dziecko dla odmiany mówiło, że narty to najlepszy, najbezpieczniejszy sport, ponieważ stoi się na ziemi. Dlatego nie mogę udzielać rad, że pięcioletnim dzieciom zakłada się narty, a sześcioletnie uczy grać w tenisa. Musimy wiedzieć, czy dziecko lubi spokojniejsze sporty, czy „ekstremalne". Musimy próbować z nim różnych rzeczy. Nie wychodzi – to zaczekać, spróbować za chwilę, a nie zmuszać tylko dlatego, że teraz właśnie jest sezon. Nie idziemy na ściankę wspinaczkową z dzieckiem, które ma lęk wysokości. A jeśli dziecko koniecznie chce się wspinać, niech idzie z nim rodzic, który lęku wysokości nie ma, by nie stał na dole tak jak niektóre mdlejące ze strachu matki, ponieważ ich przerażenie udziela się dziecku.

Musimy dziecko obserwować: co lubi, czego nie lubi, czego się boi, co wzbudza w nim niechęć. Z niektórych lęków wyrastamy, niektóre się rozmywają, do niektórych dorastamy. Ale nie można ich przełamywać na siłę! Uczmy ostrożności. Zawsze swoim synom powtarzałam: „Najpierw pomyśl, potem zrób!". I tego uczmy nasze dzieci, a nie na hura, by natychmiast bawiły się z nowo poznaną grupą. A najlepiej – by od razu zostały liderami.

A co jest (jeśli chodzi o zasiewanie strachu) największym błędem rodziców?

Najgorszą rzeczą, jaką możemy zrobić, jest straszenie dziecka, że odbierzemy mu swoją miłość. A mamusie często to robią: nie będę cię kochać, jeśli nie będziesz taki, jak sobie wymyśliłam, jeśli nie będziesz spełniał moich oczekiwań, realizował marzeń. I wtedy mówią: „Nie kocham cię!". Często mówią tak pod wpływem emocji, ale dziecko wyciąga wniosek: „Nie zrobiłem czegoś, więc mamusia mnie nie kocha. Dlatego muszę to robić". I potem w dorosłym życiu robi wszystko, żeby przypodobać się partnerowi, niejednokrotnie wbrew własnym potrzebom. Cierpi w związku, ale chce zasłużyć na miłość. Bo kiedyś w dzieciństwie usłyszał: „Jeśli nie będziesz taki (i tu

można wstawić listę cech), to mamusia nie będzie cię kochała". I natychmiast dochodzi do przeniesienia: jak nie będziesz taki, to nikt cię nie będzie kochał!

Zawsze powtarzam rodzicom, z którymi pracuję: wasze dziecko odziedziczyło pewne cechy po was, po waszych partnerach, po waszych rodzicach, po rodzicach waszych partnerów, po waszych dziadkach i po dziadkach waszych partnerów. Jest zlepkiem cech dobrych i tych gorszych. Tych, które kochacie i tych, których nienawidzicie. Jeżeli nienawidzicie w sobie jakiejś cechy, a dostrzeżecie ją u swojego dziecka, to będziecie mieli bardzo poważny problem z zaakceptowaniem go. Najpierw trzeba poznać samego siebie, przepracować siebie. Jeśli czegoś nie zaakceptujecie w sobie, tym bardziej nie zaakceptujecie u dziecka.

Można zamienić wadę na zaletę. Takie rzeczy się udają. A jeśli próbowałam się zmienić, ale nie potrafię, taka jestem i moje dziecko to odziedziczyło – pozostaje akceptacja. Nie podoba mi się ta cecha, ale co zrobić? Muszę ją pokochać. Popatrz na kobiety, których dzieci trafiają do więzienia. One nie przestają być matkami, nadal je kochają, wysyłają paczki, odwiedzają. Bo to jest ich dziecko. One są nieobiektywne, wierzą w jego niewinność, chociaż dowody wskazują na co innego. Kochają swoje dziecko takim, jakie jest. Często powtarzam: można zmienić zachowanie, można pracować nad relacjami, natomiast nie zmienimy osobowości. Rodzimy się z pewnymi możliwościami, potencjałem, i cała frajda z bycia rodzicem polega na tym, żeby z tego, co dostaliśmy, ulepić, wydobyć to, co najfajniejsze, ukrywając bądź uwypuklając rzeczy, które nam się nie podobają. Jedno dziecko jest bardziej odważne, a drugie mniej, jedno otwarte na ludzi, a drugie nieśmiałe. I od nas zależy, co z tym zrobimy. Jeżeli nie będziemy mu wmawiać, że jest dziwne, nie będziemy na nie krzyczeć, że jest nieśmiałe, a postaramy się wejść w jego świat, być może odkryjemy w nim artystyczną duszę. I wtedy nieśmiałość stanie się zaletą.

7. MOJE DZIECKO JEST INNE

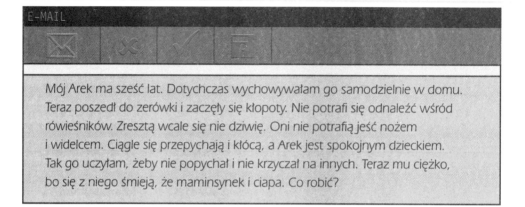

Mój Arek ma sześć lat. Dotychczas wychowywałam go samodzielnie w domu. Teraz poszedł do zerówki i zaczęły się kłopoty. Nie potrafi się odnaleźć wśród rówieśników. Zresztą wcale się nie dziwię. Oni nie potrafią jeść nożem i widelcem. Ciągle się przepychają i kłócą, a Arek jest spokojnym dzieckiem. Tak go uczyłam, żeby nie popychał i nie krzyczał na innych. Teraz mu ciężko, bo się z niego śmieją, że maminsynek i ciapa. Co robić?

Matka, której dziecko jest tak dobrze wychowane, ma problem, jak ma to swoje cudo posłać do przedszkola, w którym jest banda nie wiadomo jakich dzieci! Mnie średnio interesują tacy rodzice. Interesuje mnie raczej to, czy rzeczywiście dziecko, które je nożem i widelcem, ma problem w przedszkolu, czy jest on wymyślony przez rodziców. A matki roją sobie różne rzeczy: „Moje dziecko już tyle potrafi! Moje dziecko siedzi grzecznie przy stoliku i pracuje!". Tylko często zapominają, że dziecko inaczej zachowuje się w domu, gdy jest z rodzicami czy babcią, a inaczej gdy jest w grupie. Bo grupa rządzi się swoimi prawami. Dlatego nawet jeśli dziecko w domu posługuje się nożem i widelcem, to po to, żeby być akceptowanym – w przedszkolu będzie jadło palcami. Problem jednej z matek polegał na tym, że jej dziecko wraca z przedszkola i je rękami. To jej święte, cudowne dziecko wraca z przedszkola z takim strasznym nawykiem! Tłumaczę, że **dziecko jest w stanie zjeść własną kupę, byleby tylko zostać zaakceptowanym przez grupę. A rodzice tego często nie rozumieją.**

Znam mamusie, które ubierają dziecko do przedszkola tak, jakby szło do komunii. Kompletnie nie myślą o tym, że jest mu niewygodnie, że dzieci się z niego śmieją. Bo jej się tak podoba! Inne matki tuczą swoje dzieci tak, że nie mogą biegać i rówieśnicy nie chcą się z nim bawić. Niektóre narzekają, że ich dzieci nie potrafią się bawić w grupie, że nie są przebojowe albo że się podporządkowują. Generalnie – że są inne niż grupa. Moje pytanie zawsze brzmi: „Co to jest grupa?". Kiedy ośmiolatka mówi: „Bo wszyscy mają takie buty, a ja nie mam!" i zaczynamy robić dochodzenie, kim są ci wszyscy, okazuje się, że jest to jedna, najważniejsza dla niej osoba.

Chęć przynależenia do grupy pojawia się bardzo wcześnie. Słyszymy wtedy od dziecka: „Bo wszyscy mają takie piórniki! Wszystkie dziewczynki mają takie lalki!". Jako rodzice musimy dbać o to, żeby dziecko rosło zgodnie z naszymi przekonaniami, ale z drugiej strony musimy pozwolić mu upodobnić się do grupy, jeśli czuje taką potrzebę. Rodzice często pytają mnie: „To dobrze czy źle, że nie mamy w domu telewizora?". Z jednej strony to fantastyczne, ponieważ mają więcej czasu dla siebie, potrafią bawić się z dziećmi, ale z drugiej strony musimy pamiętać, że kiedy dziecko idzie do przedszkola czy szkoły, może mieć problem, żeby zintegrować się z grupą, ponieważ wszyscy rówieśnicy rozmawiają o tym, co oglądali w telewizji. I nasze dziecko już na starcie jest inne. Jest dziwakiem. Podobnie jak wtedy, gdy wszystkie dzieci jedzą chipsy, a nasze – jabłuszko.

Pamiętam problem mojego dziesięcioletniego syna, który strasznie chciał się upodobnić do grupy. Był inny: nie używał brzydkich słów, odrabiał lekcje, mówił dzień dobry, dziękuję, przepraszam. Rzeczywiście odstawał społecznie (szczególnie od chłopców, na których, co oczywiste, najbardziej mu zależało). Bardzo chciał do nich przynależeć i w związku z tym robił różne dziwne rzeczy. Próbowałam go przekonać, żeby nie dostosowywał się do kolegów, tylko wykorzystał swoją „inność", przyciągając do siebie takich jak on. Oczywiście moja argumentacja jako matki nie na wiele się zdała. Któregoś dnia przyszła do nas sąsiadka – profesor biologii – i zaczęła z Pawłem rozmawiać: „Wyobraź sobie, że ja, biolog, znajduję sto biedronek. Dziewięćdziesiąt dziewięć z nich ma dwie kropki, a jedna ma pięć. Jak myślisz, którą się zainteresuję? Na co syn: „Tą z pięcioma kropkami". „Właśnie. Bo jest inna! Dlatego bądź inny, oryginalny, a będziesz interesujący". Dzięki tej rozmowie dotarło do niego to, co cały czas próbowałam mu wytłumaczyć.

A na czym polega inność u dwuletniego dziecka? Jakie zarzuty może mieć wobec niego matka?

Dla mnie nie ma wzorca dwulatka, do którego należy dążyć. Każde dziecko jest inne. Ale matki zawsze potrafią wynaleźć jakiś zarzut. Na przykład że dziecko jest bardzo ruchliwe, tak zwane żywe srebro. Rodzice mogą być spokojni, introwertyczni, a dziecko ruchliwość odziedziczyło po dziadkach. I mamusi to żywe srebro przeszkadza. Z jej punktu widzenia ono jest inne, ponieważ wszystkie dzieci siedzą, a jej biega. Dzieci coś zjedzą przy stole, a jej przegryza w przelocie. Inne dzieci śpią, a jej nie śpi. Ale gdyby to dziecko miało matkę, o której można powiedzieć „przeciąg", to takie dziecko absolutnie by jej nie przeszkadzało. Dla niej inne byłyby dzieci, które są powolne, spokojne, siedzą w kąciku. Więc to bycie innym jest bardzo subiektywne. Często rodzice porównują swoje dzieci: „To starsze było takie grzeczne, a to młodsze jest takie upiorne! Jest zupełnie inne!". Tłumaczę, że porównywanie dwójki dzieci, nawet w tej samej rodzinie, jest tym samym co porównywanie słonia z mrówką.

Ale ja chciałabym się skupić na inności, która jest bardziej obiektywna, czyli ułomności fizycznej: grubas, rudy, okularnik, dziecko z zezem, dziecko, które nosi aparat słuchowy bądź dziecko nadpobudliwe. Że takie dzieci mają problem, powie każda matka.

Parę lat temu Brytyjczycy badali, jaka inność jest najbardziej dyskryminowana. Okazało się, że dzieci wcale nie odrzucają kolegów, którzy są upośledzeni czy kalecy tylko grubych. Gruby jest tym najmniej chętnie wybieranym do zabawy. Bo on dla dzieci, dla których najważniejsza jest sprawność fizyczna, jest nieatrakcyjny.

I co ma zrobić rodzic? Przecież nie może zmusić rówieśników, by się z jego dzieckiem bawili.

Ma zapraszać do domu jego kolegów. Ma wymyślać takie zabawy, żeby tusza była atutem, czyli bawimy się w przeciąganie liny lub w przesuwanie kogoś na inne miejsce. Wtedy on zawsze wygra, ponieważ nikt go nie ruszy. Gwarantuję ci, że każdy będzie chciał go mieć w swojej drużynie.

W podobny sposób możemy pomóc każdemu dziecku. Trzeba tylko trochę pomyśleć. Pamiętajmy, że trauma związana z tym, że nas nie wybierali do grup, nie chcieli się z nami bawić, nie chcieli z nami grać w piłkę, powoduje, że czujemy się odrzuceni, nieakceptowani, w związku z czym bardziej zamykamy się w sobie, więcej jemy. To jest samonapędzające się koło. Na ogół dzieci obiektywnie inne mają dużo więcej problemów niż obiektywnie takie same. Pamiętam koleżankę, która robiła badania dotyczące dzieci głuchych. Okazało się, że chociaż teoretycznie powinny być tak samo sprawne fizycznie jak te słyszące, ich sprawność była zdecydowanie mniejsza. A powód był prosty. Matki cały czas zwracały im uwagę: „Nie biegnij, bo się przewrócisz. Nie oddalaj się, bo nie usłyszysz, jak cię zawołam". Ta nadopiekuńczość matek spowodowała, że dzieci nie miały szansy się usprawnić. Problemy, jak już mówiłam, najczęściej powstają w chorych głowach matek.

Znam dziewczynę, która urodziła córkę z zespołem Downa i wychowała ją tak, że gdyby nie charakterystyczne rysy związane z tą chorobą, to nigdy byś nie powiedziała, na przykład rozmawiając z nią przez telefon albo słuchając z drugiego pokoju, jak mówi o swoich zainteresowaniach, że jest to dziecko upośledzone.

Powiedz zatem, jak rodzice mogą pomóc dziecku, które naprawdę jest inne, które urodziło się z jakimś problemem, który jest widoczny albo przeszkadza w prawidłowym funkcjonowaniu.

Wrócę do dziewczynki z zespołem Downa. Poznałam ją, gdy miała cztery lata i patrzyłam, jak dorasta. Zawsze byłam pod wrażeniem tego, że cały czas bawiła się na podwórku. Miała kolegów i koleżanki, którzy ją zaakceptowali. Ale to było możliwe dlatego, że matka z jej choroby nie robiła problemu. Nie bójmy się wypuszczać takich dzieci w grupę. Dobrze jest, jeśli mają kontakt ze zdrowymi rówieśnikami, ponieważ w takim właśnie świecie przyjdzie im żyć. Naszym obowiązkiem jest nauczyć je jak największej samodzielności.

Ale rodzicom często wydaje się, że ich dziecko nie poradzi sobie wśród zdrowych rówieśników, a poza tym jeśli będzie w środowisku dzieci niepełnosprawnych, zobaczy, że są takie dzieci jak ono i przekona się, że nie jest inne.

Myślę, że należy te środowiska łączyć, a nie dzielić. Poza tym nie jest prawdą, że dzieci niepełnosprawne nie są w stanie poradzić sobie w świecie tak zwanych sprawnych. Często radzą sobie lepiej niż my. Tylko musimy je tego nauczyć. Dom jest takim miejscem, w którym uczymy dzieci, jak mają się zachować w konkretnej sytuacji. I musimy pracować zarówno z dziećmi, które są takie jak większość, jak i z tymi uważanymi za inne. Doskonałą okazją do ćwiczeń jest zabawa, w której dzieci stykają się z różnymi sytuacjami społecznymi.

Wiesz, w czym leży prawdziwy problem? W tym, że „sprawni" są mało tolerancyjni, mało cierpliwi. Pewien mój student opowiedział mi o swoim bracie, który chodził na terapię dla jąkających się dorosłych. Jedno z ćwiczeń, które musiał na tym kursie wykonać, a które było dla niego najtrudniejsze, polegało na tym, że miał zapytać kogoś na ulicy o godzinę. Gdy zaczynał mówić, natychmiast padało zdanie w rodzaju: „Co mi pan taki pijany głowę zawraca!". Na dziesięć osób dwie wyczekały do końca i udzieliły odpowiedzi. Więc kto tu tak naprawdę ma problem? My ze sobą. My, „sprawni".

Żeby dorosły akceptował czyjąś niepełnosprawność, musi się tego nauczyć jako dziecko?

Oczywiście. Poważne badania, o których nie mówi się głośno, wykazują, że dzieci wychowywane w rodzinach homoseksualnych są zdecydowanie dużo bardziej tolerancyjne niż dzieci wychowane w rodzinach heteroseksualnych. Te dzieci na co dzień obcują z innością i jest ona dla nich w pewnym stopniu normą. W związku z czym akceptują każdą inność, bo wiedzą, że ludzie są różni: jeden ma żółte włosy, inny fioletowe, jedni się jąkają, inni mają zeza. A my, tak zwani zdrowi, jesteśmy niebywale nietolerancyjni i tej nietolerancji uczymy swoje dzieci. Nie możemy oczekiwać od świata, że się zmieni. To my powinniśmy to zrobić. Powinniśmy zmienić poglądy, powinniśmy stać się tolerancyjni. A zacznijmy od tolerancji wobec dziecka, które ma różne problemy, wobec nastolatka, który przychodzi do domu z ufarbowanymi na czarno włosami.

Dlaczego wymagamy od dzieci rzeczy, których nie wymagamy od siebie? Dlaczego nasze dzieci mają lubić wszystkich ludzi, mają być miłe, mają się wszystkim dzielić, mają być grzeczne, uprzejme, mają nie kłamać, skoro my sami bardzo często tacy nie jesteśmy? Zacznijmy od siebie, a dopiero potem wymagajmy od nich. Jeżeli mówisz dziecku: „Nie kłam", to ty też tego nie rób! Bo po pierwsze – jest to zakłamanie, a po drugie – myślisz, że dziecko tego nie widzi? Albo matka mówi: „W domu możesz to robić, ale poza domem nie". To nic innego jak podwójna moralność. Mówimy dziecku: „Nie kradnij", po czym w supermarkecie dajemy mu wzięty z półki batonik, a papierek chowamy do kieszeni. Jeśli chcemy, by świat szedł w dobrym kierunku, my sami musimy w takim kierunku iść. Jeśli robimy coś złego, pamiętajmy, że to zawsze wypłynie. Krew mnie zalewa, kiedy jadę ulicą, a przede mną facet siedzący w eleganckim samochodzie wyrzuca przez okno niedopałek papierosa.

To czego można wymagać od jego dzieci? Zaręczam ci, że żadne dziecko nie zwróci uwagi na to, że koleżanka jest źle ubrana albo że ma tanią zabawkę za piętnaście złotych, a nie za sto pięćdziesiąt.

Ta „inność" to jest coś, czego sami dzieci uczymy. One tego nie chcą, ale dajemy im ten „podarunek" na siłę.

Ale to oczywiste, że każdy rodzic ma pewien wzorzec idealnego dziecka. I dziecko, które od niego odbiega, jest po prostu „inne".

Rodzic może mieć w głowie jakiś wzorzec, tylko problem polega na tym, że u każdego jest on inny. Bo dla jednego grzeczne dziecko to takie, które wykonuje jego polecenia, dla innego takie, które przez cały dzień siedzi w swoim pokoju, dla innego takie, które ma ramiona na wysokości głowy i wzrok przerażonej łani, a dla innego takie, które raz w tygodniu wyrzuci śmieci.

Oczywiście możemy porównywać dziecko do grupy społecznej, do której trafia, ale ta grupa też nie jest jednorodna, w związku z tym to dziecko zawsze będzie inne niż pozostałe.

Zauważyłaś, jak rodzice potrafią być w tym względzie niekonsekwentni? Z jednej strony chcą, by ich dziecko „tak jak inni" skończyło dobrą szkołę, miało dobrze płatną pracę, mieszkanie, rodzinę. A z drugiej oczekują, żeby było indywidualnością: „Nie bądź taki jak inni. Miej pasję. Pokaż, że nie jesteś przeciętny".

I skąd się to bierze?

Myślę, że może się to wiązać z tym, że nad małym dzieckiem jesteśmy w stanie zapanować. Wydaje nam się, że możemy

kierować jego życiem i wtłaczamy je w schemat pewnych zachowań. A kiedy ono zaczyna podejmować własne decyzje, zaczyna nam się stawiać, odpuszczamy, i ponieważ już sobie nie radzimy, mówimy: „Walcz o swoje! Bądź sobą". Wydaje mi się, że wynika to trochę z wygody. Bo gdyby siedmiolatek powiedział nam, że ma jakieś dziwaczne pasje, to byśmy próbowali sprowadzić go na ziemię. Jeśli natomiast powie tak piętnastolatek – to super. Pozwalamy mu na to, ponieważ już nie jesteśmy w stanie nad tym zapanować. A dopóki możemy – nie pozwalamy.

Ale kiedy pięcioletnie dziecko umie czytać, ta inność rodzicom kompletnie nie przeszkadza. Wręcz są z niej dumni.

Mój syn, mając cztery lata, umiał czytać i pisać. Nauczył się tego sam. Byłam szalenie dumna i wszystkim się chwaliłam, że mam takie wyjątkowe dziecko. Poszedł po raz pierwszy do przedszkola i wrócił do domu z płaczem, mówiąc, że więcej do niego nie pójdzie. Pytam: „Co się stało?", a on: „Bo co z tego, że umiem czytać i pisać, jak nie umiem pluć!". A to było w grupie najważniejsze. Więc chodził z ojcem wieczorem do parku i uczył się pluć.
Rodzice są dumni z pewnych umiejętności swoich dzieci, i dobrze, ale tylko pod warunkiem że zostały one nabyte w naturalny sposób, a nie dzięki katowaniu przez chore mamusie czy dziadków, by były mądrzejsze od rówieśników. Uwielbiam takie samorodne talenty. Powinniśmy je obserwować i dać im się samodzielnie rozwijać. Niestety wielu rodziców gdy tylko zobaczy, iż dziecko przejawia jakieś zainteresowania, natychmiast chce, aby były to zainteresowania na całe życie. Trudno im zrozumieć, że dziecko po tygodniu

zaczyna się interesować czymś innym: „Jak to? Przecież do tej pory zbierał motylki, a teraz zbiera kamienie!". Wtedy mówię im: „Świetnie. Do trzynastego roku życia co tydzień powinien interesować się czymś innym, bo na tym właśnie polega rozwój. Dziecko musi poznać świat, żeby zobaczyć, co z tego świata mu się podoba".

Niestety dorośli mają tendencję do ograniczania dzieci. Wchodzę do przedszkola na zajęcia ze studentami i co widzę? Wszystkie dzieci jednocześnie zamalowują taką samą kredką ten sam obrazek. Pytam panią przedszkolankę, czy zdaje sobie sprawę z tego, że jedna dziewczynka będzie nauczycielką, jeden chłopiec dyrektorem, inny bandziorem, a inny dostanie Nagrodę Nobla? Każde z nich będzie w życiu kimś innym. Nie można ich wtłaczać w robienie tych samych rzeczy, w taki sam sposób, w tym samym czasie. Można dać im dwadzieścia szablonów, dwadzieścia kredek i godzinę czasu. I niech każde wybierze sobie szablon, który mu odpowiada, i kolor kredki. Można pozwolić wybrać technikę: jedno będzie wyklejać, inne malować.

Ale najprościej jest trzymać się schematów. Kiedy mój syn chodził do żłobka, panie opiekunki wpadły na „wspaniały" pomysł: wszystkie dzieci sadzały na nocniki o tej samej porze. Gdy po raz kolejny zobaczyłam czerwone kółko na jego pupie, zainteresowałam się, skąd się bierze. Powiedział mi, że wszyscy siedzą na nocniku tak długo, aż zrobi kupę kolega, który ma zatwardzenia. Któregoś dnia syn z dumą oznajmił: „Dziś siedzieliśmy krótko, bo pożyczyłem Piotrusiowi swoją kupę!". Ale został przez panią ukarany. A ja uważam, że to był świetny pomysł. Wymyślił rozwiązanie problemu swojego i przy okazji całej grupy.

Nie musimy być tacy sami. Już programy szkolne powodują, że wszyscy mamy się tak samo uczyć, wszyscy musimy mieć porównywalne stopnie z matematyki. Dlaczego nie możemy zrobić tak jak na Zachodzie, gdzie w szkole są trzy poziomy matematyki, pięć poziomów języka ojczystego, cztery poziomy historii? Dlaczego jako humanistka mam uczyć się rzeczy, które mnie nie interesują i których nigdy nie zrozumiem? Uważam, że „inność" jest zaletą, a nie wadą, i z tego, że dzieci są „inne", należy się tylko cieszyć. Nie staraj się sprawić, żeby było takie samo jak to, które widziałaś w telewizji. Pracuję z wieloma matkami, które nie mogą dogadać się ze swoimi dziećmi, bo „są inne". Pamiętam superinteligentną dziewczynkę, która funkcjonowała w domu jako zwierzaczek, ponieważ matka kompletnie jej nie rozumiała: „Ona jest jakaś dziwna. Nienormalna".

A na czym ta jej inność polegała?

Na życiu we własnym świecie, na tworzeniu swojego systemu wartości. Ona nie bawiła się lalkami. Bawiła się sama ze sobą. Wystarczyła jej własna wyobraźnia. Ale była jak najbardziej normalna – śmiała się, rozmawiała, odpowiadała na pytania. Fantastycznie nawiązywała kontakt.

Ale jeśli dziecko ma wyobraźnię i zaczyna fantazjować, rodzice często mówią, że jest kłamczuchem.

Chwileczkę. Mamy trzy rodzaje tak zwanej nieprawdy: fantazjowanie, konfabulowanie i kłamstwo. I bardzo łatwo rozróżnić kłamstwo od fantazji. Podłożem kłamstwa zawsze jest lęk, a nigdy nie ma go u podłoża fantazji.
Dzieci, które mają wyobraźnię, które mówią same do siebie, to są najciekawsze dzieci. To są te dzieci, które mają otwarte umysły, które potrafią z niczego zrobić coś. To są dzieci, które

nie czekają na gotowe rozwiązania, tylko same je wymyślają. To są te dzieci, dla których nie ma rzeczy niemożliwych. To one później odkryją nową drogę, znajdą nową gwiazdę na niebie. Będą kreatywnymi ludźmi. I kreatywni są już od dziecka, tylko bardzo wielu rodziców swoim niewłaściwym zachowaniem tę kreatywność zabija.

To znaczy, że gdy dziecko mówi, że widziało krasnoludka, nie należy mówić: „Co za bzdury wygadujesz!", tylko spytać, jak ten krasnoludek wyglądał.

Oczywiście. Pracowałam w rodzinie, w której były dwie córeczki. Jedna z nich wymyśliła sobie, że w domu jest jeszcze jedna dziewczynka. Matka była przerażona, że córka jest nienormalna, a ja tłumaczyłam, że w pewnej fazie rozwoju dzieci mają potrzebę, żeby kogoś takiego mieć.

Mój syn miał wymyślonego wujka z Marsa. Kiedy mówiłam mu, że czegoś nie wolno, odpowiadał: „Ale wujek z Marsa mi pozwala". To jest dla dziecka odskocznia. Niektóre dzieci mają szczęście, ponieważ mają psa. Inne tego szczęścia nie mają i wymyślają krasnoludka, ludka z plasteliny lub ożywiają lalki. To normalne. To potrzeba posiadania kogoś, komu można powierzyć wszystkie tajemnice, kto zawsze wysłucha i nigdy nie zdradzi. Uważam, że należy dzieciom na to pozwolić. Oczywiście trzeba się też uważnie przyglądać, ponieważ w którymś momencie dziecko może przekroczyć granicę bezpieczeństwa, to znaczy może zacząć chcieć żyć w swoim świecie. A to z kolei może być zapowiedzią choroby psychicznej (nerwicy, psychozy, autyzmu), która może pojawić się nagle.

Uważam, że rodzice powinni dziecko wzmacniać. Wzmacniać zarówno jego podobieństwo do rówieśników, jak i różnice.

Mówiąc o tym, zawsze powtarzam: znajdźcie we własnym dziecku coś wyjątkowego. Niech najlepiej na świecie myje zęby, niech najlepiej na świecie ścieli łóżko, niech najlepiej czyta. Cokolwiek. Byle by to było jego własne. I chwalcie je za to. Nieważne, za co chwalą inne matki. Wy znajdźcie jedną, dwie czy pięć takich rzeczy, które wasze dziecko robi najlepiej.

Ale rodzice obawiają się, że jeśli z byle powodu będą dziecko wychwalać, wyrośnie z niego aspołeczny, zarozumiały sobek.

Musimy pamiętać o jednej rzeczy: moja wolność kończy się tam, gdzie zaczyna się twoja. Czyli mogę być inny, mogę mieć różne pomysły, pod warunkiem że jest to moja przestrzeń. Natomiast gdy wchodzę w przestrzeń innych ludzi – zaczyna się relacja. Ja mogę uwielbiać coś robić, ale skoro wiem, że tobie by to przeszkadzało, kiedy jesteśmy razem, muszę się od tego powstrzymać. Jeśli dziecko lubi pluć i my to akceptujemy, bo pluje najlepiej na świecie, nie pozwalamy mu na to na przykład na ulicy czy w autobusie. A w domu ma miejsce, w którym robi zawody w pluciu do celu. Mówię o tym, że musimy uczyć dziecko, że nie jest najważniejsze na świecie. Może być odmienne, ale musi pamiętać, że inni też mają prawo do inności.

A jaki jest twój stosunek do małych gwiazd filmowych? To dzieci, które zdecydowanie różnią się od „przeciętnych".

Bycie gwiazdą filmową to przysłowiowe pięć minut. Jako rodzice musimy mieć świadomość, że ten czas za chwilę się skończy i naszym obowiązkiem jest uświadomić to dziecku. Kiedyś brałam udział w programie, w którym występowały dzieci grające w reklamach telewizyjnych. Były tam dzieci zachowujące się normalnie, traktowały to jako przygodę. Te dzieci miały normalnych rodziców, którzy mówili: „Pojechaliśmy nagrać reklamówkę do Hiszpanii. Była to fantastyczna przygoda. Za zarobione pieniądze kupiliśmy dziecku komputer. Jeśli się trafi następna taka okazja, to z niej skorzystamy". Były też dzieci, które rodzice wożą z castingu na casting, bo ich pociecha „jest gwiazdą, bo jest taka zdolna". To problem rodziców, nie dziecka. To oni wpuścili dziecko w taki kanał. A konsekwencje są takie, że sześciolatek ma kompletnie przewrócone w głowie.

Więc mówić czy nie mówić dziecku, że jest wspaniałe?

Mówić! Zdecydowanie wolę tak zwany amerykański sposób wychowywania, chociaż czasami to pompowanie balonika jest u nich przesadne. Ale i tak jest to lepszy sposób niż nasz. Polscy rodzice potrafią powtarzać do upadłego: „I tak ci się nie uda! I tak ci się nie powiedzie, bo inni są lepsi! Nie ma sensu, żebyś się uczył, bo i tak się nie dostaniesz!". A dzieciom trzeba dać i korzenie, i skrzydła. Taka opcja jest najlepsza. A dziecko często nie dostaje ani jednego, ani drugiego. Dla nas inność jest przerażająca. Ale zauważ, jak nasz świat się zmienia. Kiedy mając osiemnaście lat, po raz pierwszy znalazłam się na Zachodzie, ilość produktów w sklepach, reklam, kolorów na ulicach przyprawiła mnie o zawrót głowy. Teraz mamy to na co dzień. Kiedyś wydarzeniem była osoba o innym kolorze idąca ulicą. Teraz mieszka w naszym domu piętro niżej. Wchodzimy w ten zachodni świat, dlatego powinniśmy być coraz bardziej otwarci. Tymczasem ciągle się go boimy, ciągle jesteśmy zamknięci, mamy lęk przed światem. A kiedy się boimy, tworzymy stereotypy: „Zabić Żyda, czarnego, żółtego, kalekiego. Innego". Taki strach wyrażany w agresji.

Opowiem ci anegdotę. Wiele lat temu zaproszono mnie jako jednego z grupy specjalistów do współpracy przy tworzeniu polskiej wersji „Ulicy Sezamkowej". Amerykanie podzielili nas na zespoły. Trafiłam do zespołu psychologicznego, który zajmował się tematem „Dziecko i świat". Po trzech dniach obrad każda grupa miała wystąpienie, a ponieważ mam gadane, oddelegowano mnie do tego zadania. Mówiłam, mówiłam, a na koniec wystąpienia dodałam, że bardzo ważne jest dla nas, żeby w „Ulicy Sezamkowej" pojawiło się dziecko, które różni się od innych. Chodzi nam o to, żeby było na wózku, rude, piegowate, grube, niewidome, niesłyszące. Wymieniłam wszystkie możliwe dysfunkcje. Na co słuchający mnie Amerykanin: „A skąd ja wezmę takie dziecko?!". Musiałam mu wytłumaczyć, że nie chodzi o to, żeby jedno dziecko miało te wszystkie dysfunkcje, lecz o to, żeby przez program przewijały się różne dzieci: niewidome, poruszające się na wózku, by w ten sposób oswoić polskie dzieci z „innością". Jego rozumienie odmienności było zupełnie inne. Gdzie tu problem, że dziecko jest rude czy nosi okulary?! Przecież tacy są ludzie.

Mój znajomy, który urodził się w Stanach Zjednoczonych, a ma typowo polskie nazwisko kończące się na -ski, zapytany, czy nie czuje się z tym dziwnie, odpowiedział: „U mnie na uczelni? Tutaj spotkasz nazwiska z całego świata". Tam każdy może być inny. I taki będzie świat. My w Polsce jeszcze ciągle żyjemy po trosze w zaścianku i na peryferiach. Tam, „w świecie", nikogo nie dziwi, że ktoś mówi po angielsku z obcym akcentem. My mamy ambicję mówienia w *Oxford english*. Dla nich każda inność jest naturalna. Tak jak fakt, że jedni mają ciemne włosy, a drudzy jasne.

Im więcej inności – tym więcej tolerancji?

Oczywiście, bo wtedy jest większa świadomość. Gdyby wszystkie kobiety były blondynkami z takim samym ilorazem inteligencji, a faceci Schwarzeneggerami, zobacz, jaki świat byłby nudny. A on jest ciekawy właśnie dzięki temu, że jesteśmy od siebie różni. Ta **inność powinna nas wzmacniać. I rodzice nie powinni się bać, że dziecko jest inne.** Oczywiście musimy pamiętać, że ta inność musi w jakiś sposób funkcjonować społecznie. Jeżeli dziecko za bardzo odstaje od rówieśników, to być może jest bardziej dojrzałe i może trzeba „przesunąć" je do przodu, lub gdy jest mniej dojrzałe – zatrzymać. Może nie nadaje się jeszcze do przedszkola czy szkoły albo trzeba mu szkołę zmienić i wysłać do muzycznej, plastycznej albo sportowej? Mój syn chodził z widelcem i nożem, udając, że gra. Mówił: „Będę skrzypaczkiem". Dzieci się z niego wyśmiewały, że taki dziwak, a on konsekwentnie tym widelcem wymachiwał. Poznałam go z chłopcami, którzy mieli podobne zainteresowania, i przestał być inny. Wspólnie urządzili sobie orkiestrę. Musimy naszą inność oswoić. Nie robić z niej problemu. Bo jeśli będziemy ją traktować jak najstraszniejszą rzecz pod słońcem, nadamy jej negatywne znaczenie. A powinniśmy nadać jej znaczenie pozytywne, bowiem inność jest ogromną wartością.

8. MOJE DZIECKO CHCE MIEĆ ZWIERZĄTKO

E-MAIL

Moje dziecko straszliwie chce mieć zwierzaka. Co mam z tym zrobić? Już mieliśmy różne zwierzątka, żadnym się nie opiekowało. Wiemy, że zwierzątko to odpowiedzialność. Pomóż. Kupić czy nie kupić, bo tak naprawdę nie mamy argumentu za ani przeciw.

Pierwsza, podstawowa rzecz, o której muszą pamiętać rodzice: nigdy, przenigdy zwierzątka nie kupuje się d l a d z i e c k a. Każde żywe stworzenie jest członkiem rodziny i kupuje się je d o d o m u. Jeżeli to zrozumiemy, nie będziemy mieć żadnego problemu z poczuciem odpowiedzialności. Swoim i dziecka. A jeśli kupujemy pieska czy kotka dziecku, to zawsze pojawiają się pretensje: „Miał wychodzić na spacer, a nie wychodzi! Miał karmić, a nie karmi! Miał sprzątnąć po kocie, a nie sprzątnął!".

Jeżeli razem podejmujemy decyzję, że kupujemy zwierzę do domu, że jest ono nasze wspólne, wtedy nie ma awantur o to, kto z nim wychodzi. Możemy ustalić dyżury, wymieniać się nimi, gdy ktoś konkretnego dnia z niezależnych przyczyn nie może tego zrobić. Ta wspólna odpowiedzialność ma bardzo dobry wpływ na rodzinę.

Czujesz różnicę? Gdybym mogła, zabroniłabym kupowania zwierzątek dzieciom, natomiast kupowanie zwierzęcia do domu, w którym jest dziecko – polecam jak najbardziej.

Ale jeśli rodzice nie mają czasu zajmować się psem, jak mają wytłumaczyć dziecku, że psa, o którym tak marzy, nie kupią?

Niech z nim ten problem przedyskutują. Zasugerują, by wybrało inne zwierzątko, takie, które da się przytulić, na przykład kota, któremu trzeba poświęcić zdecydowanie mniej czasu. Albo jeszcze mniej wymagającego królika czy świnkę morską. Nie polecam chomików i myszek, ponieważ żyją krótko, a dziecko bardzo się do nich przywiązuje. Posiadanie psa wiąże się jednak z wieloma obowiązkami i ze zmianą sposobu życia. Trzeba znaleźć czas na spacery, inaczej niż do tej pory zaplanować urlop. Kot może zostać w domu sam na czterdzieści osiem godzin. Wystarczy, że zostawimy mu wodę i suchą karmę. Kot raczej nie zniszczy nic w domu, nie nabrudzi, bo jest czyściutki.

Ale będzie tęsknić. Mam kota, który nie jest takim przymilaskiem jak poprzednie, a kiedy zostawiliśmy go samego w domu na półtora dnia, po naszym powrocie przybiegł do nas rozżalony.

Ale sobie poradził, a pies nie dałby rady. Poza tym nie wiesz, czy cierpiał. Narzucamy zwierzętom swój sposób myślenia: „Jaki byłeś biedny, siedziałeś tak długo sam!". A może mu było fajnie i opowiadał wam, co mu się śniło? Albo że ktoś pukał, przeleciał ptak, było ciemno, a on był taki dzielny!

Przyjmijmy taką wersję. A jaki jest twój stosunek do rybek, żółwi i patyczaków?

Preferuję zwierzęta, które reagują, gdy do nich mówię, z którymi mogę nawiązać kontakt. A przyznasz, że trudno o niego w przypadku zwierzątek, które wymieniłaś. Kiedy dziecko zaczyna mieć potrzebę przynoszenia do domu mrówek, świeżo wyklutych pisklaczków, kijanek i różnych innych znalezisk, możemy mu sprezentować żółwia czy rybki jako kolejne zwierzątko.

Wydaje mi się, że wszystkie dzieci chcą posiadać zwierzaka. Skąd się ta potrzeba bierze?

Nie wiem, czy wszystkie dzieci, ale na pewno większość. Potrzeba ta wynika z chęci posiadania kogoś na wyłączność, kogoś, komu można zdradzić największe tajemnice, kto popatrzy mądrymi oczami i zawsze wysłucha. Kogoś, kogo można wziąć na ręce, ponosić, poprzytulać. Dlatego dzieci najczęściej chcą mieć kotka, pieska, króliczka czy świnkę morską. Wszystko, co jest małe i puchate.

Poza tym zauważ, co robią rodzice. Kiedy jadą na giełdę wybierać psa, nie rozglądają się za dużym bernardynem czy wilczurem, tylko patrzą na te śliczne malutkie kuleczki, które się dadzą przytulić. A dzieciom wydaje się, że one będą tak wyglądać zawsze.

Słodziutkie, malutkie, kolejna zabawka?

Niestety bardzo często się zdarza, że dzieci właśnie tak to zwierzątko traktują. Dlatego jeżeli chcemy zdecydować się na zwierzę, najpierw musimy poobserwować, jak dziecko reaguje na psa czy kota innych ludzi: czy potrafi się nim zaopiekować, czy jest w stosunku do niego sympatyczne, czy po prostu szarpie za ogon i wkłada mu palce do oka. Są rasy psów i kotów, które na to pozwalają, a są takie, w przypadku których może się to skończyć dramatem.

Musimy też wziąć pod uwagę, że dzieciom zwierzak bardzo często się nudzi. Mój znajomy, którego córki męczyły, że chcą pieska, zgodził się, ale pod jednym warunkiem. Kupił smycz i powiedział, że dostaną psa, jeśli przez miesiąc o siódmej rano smycz będzie na spacerze. Smycz „wychodziła" przez pierwsze trzy dni. Potem już nie – bo padało, było zimno. Problem rozwiązał się sam – dzieci nie były gotowe.

Ale nie tylko dzieci muszą być gotowe. Gotowi muszą być też rodzice. Pies jest wspólnym obowiązkiem wszystkich domowników. Musimy mieć świadomość, że staje się członkiem rodziny co najmniej na dziesięć lat. To nie tak, że kupimy go na Dzień Dziecka, a gdy będziemy jechać na urlop, wyrzucimy z samochodu. Musimy myśleć o tym, czy zmieści się nam do samochodu albo czy mamy takie miejsce, w którym możemy go zostawić, kiedy wyjeżdżamy.

Czy już trzyletniemu dziecku możemy kupić zwierzątko, czy jednak trochę starszemu?

Nie chcę, żebyśmy mówiły: kupujemy dziecku. Jeżeli, tak jak proponuję, kupujemy do domu, to dziecko może być niemowlęciem albo trzylatkiem, bo to jest nasza decyzja i wszystko jedno, w jakim jest wieku. Wtedy zależy nam tylko na tym, żeby dziecko do opieki nad zwierzakiem w jakiś sposób się włączyło. Trzylatek może pomóc zająć się kotem, chomikiem, świnką morską czy królikiem, ale z psem nie wyjdzie. To jest nasz pies.

Ale zauważyłaś, że o ile jeszcze dorośli kupują psa do domu, o tyle żaden rodzic nie kupuje do domu chomika czy świnki? Te małe zwierzątka kupuje się dziecku.

Kupując z taką intencją, tak naprawdę traktujemy je tak, jakby były zabawką. Dlatego uważam, że wszystkie zwierzęta powinniśmy kupować dla wszystkich domowników. Rybki też. Przecież pięcio- czy siedmioletnie dziecko nie będzie czyściło akwarium! Trzylatek czy pięciolatek nie będzie pamiętał, żeby dać sałatę żółwiowi czy śwince morskiej. Oczywiście zdarzają się wyjątki i możemy mieć dziecko, które będzie pamiętało, ale jest ryzyko, że będzie dawać tę sałatę sześć razy dziennie i w konsekwencji zwierzaka przekarmi. Tak naprawdę to my musimy nad tym czuwać. My sprawdzamy, czy zwierzak ma co pić, czy dziecko mu posprzątało, czy nakarmiło. To my musimy o tym pamiętać, ponieważ to jest nasze zwierzę. My za nie bierzemy odpowiedzialność, nie dziecko. Kiedy kupujemy psa, podpisujemy umowę kupna i sprzedaży. I może ją podpisać tylko osoba pełnoletnia. Nikt nie napisze: „Kupiłam psa trzyletniemu dziecku i ono jest właścicielem". Właścicielem jest ojciec lub matka i oni biorą na siebie odpowiedzialność.

A po co nam taka odpowiedzialność? Po co nam dodatkowy obowiązek?

Po pierwsze dlatego, że sami trochę kontaktu z psem potrzebujemy.
Na przykład ja mam psa dlatego, że chciałam mieć pretekst, żeby częściej wychodzić na spacer. Mam z kim pogadać, mam się do kogo przytulić. Ponieważ mam potrzebę edukowania, a moje dzieci już ten etap zakończyły, mam kogoś, kogo mogę wychowywać.

Ja też mogę ci powiedzieć, dlaczego mam psa. Ale zadając to pytanie, nie miałam na myśli rodziców, którzy lubią zwierzęta.

Myślałam o tych, którzy za zwierzakami nie przepadają, ale ponieważ dziecko ich o zwierzątko męczy, kupują je dla świętego spokoju.

Absolutnie tak robić nie wolno! Bo może dziecko przestanie nas męczyć, ale na pewno będzie się męczył zwierzak. Jeśli nie lubimy zwierząt, zaproponujmy dziecku, aby codziennie pomagało sąsiadce w opiece nad psem czy kotem. Może wyjść z psem na spacer albo przynieść żwirek ze sklepu, wymyć kuwetę czy pobawić się z kotem, albo zaopiekować się nim podczas jej nieobecności.

Ale to zawsze będzie kot lub pies sąsiadki, a dzieci chcą mieć coś swojego. Sama mówiłaś, że dziecko ma potrzebę posiadania własnych zabawek, własnego kawałka podłogi.

Ale przyznasz, że jest różnica między kawałkiem podłogi a żywym stworzeniem? A potem dziecko będzie chciało mieć małego niewolnika, żeby go wachlował?
Tak jak powiedziałaś wcześniej – rodzice, którzy sami lubią zwierzęta, nie mają z tym problemu, natomiast mają go ci rodzice, którzy nie lubią zwierząt, którym zwierzę kojarzy się z brudem, ze smrodem, dodatkowym obowiązkiem, deszczem, z zawalonymi wakacjami, ze stworzeniem, które nie dość że jest wiecznie głodne, to na dodatek puszcza bąki.
Można przewrotnie powiedzieć, że tacy ludzie nie powinni mieć nie tylko zwierząt, ale też dzieci. Myślę, że dziecku w takim domu też jest średnio, bo nie może się brudzić, nie może puścić bąka w nieodpowiednim momencie, też chce bez przerwy jeść.
Pies to obowiązek. Trzeba go wychować jak dziecko. Uważam, że kompletną nieodpowiedzialnością jest wzięcie psa i nieuczenie

go niczego poza „podaj łapę". Pies naprawdę musi umieć bardzo wiele rzeczy, żeby być dobrze wychowanym psem. Żeby być takim psem, do którego mamy zaufanie (co prawda ograniczone, ale jednak). Kiedy pies po wyjściu właścicieli z domu demoluje mieszkanie, robi to z jakiegoś powodu (podobnie jak dziecko, które robi demolkę w szkole) – po prostu jest źle wychowany. Niektórzy uważają, że wychowanie psa przypomina wychowywanie dziecka. I jest w tym trochę prawdy. Dzieci nie powinny brać bez pytania, muszą reagować na komendy, wykonywać polecenia, wracać na zawołanie, poczekać na swoją kolej i tak dalej. Metody pracy również są podobne, więc teoretycznie ludzie, którzy mają dzieci, powinni być gotowi na posiadanie psa (pomijając fakt, że mogą się psów bać lub mieć na nie alergię, a wtedy z przyczyn oczywistych posiadanie czworonoga odpada). Ale jeśli ktoś nie lubi zwierząt, absolutnie nie powinien kupować psa dziecku, ponieważ będzie męczyć i siebie, i jego. Musi znaleźć sposób na wytłumaczenie dziecku, dlaczego nie mogą psa mieć.

Skoro nie mogą mieć psa, to może mogą mieć kota?

Często rodzice decydują się na kota, ponieważ jest mniej kłopotliwy. Ale kontakt z kotem jest inny niż z psem. Tylko z psem możemy być w harmonii, która jest bardzo wartościowa. Pies może nas nauczyć wielu rzeczy. I nasze dzieci również.

Rodzice mogą się też bać tego, że dziecko zwierzątko zamęczy.

Na ogół dzieci nie męczą zwierząt. Zdarzają się oczywiście takie, które robią im krzywdę, ale myślę, że raczej przez nieuwagę, przez nieumiejętność oszacowania własnej siły

Ja też mając trzy latka, z taką miłością przytulałam papużkę siostry, że ją zgniotłam. Ale nie chciałam jej zrobić krzywdy. Kochałam ją nad życie.

Rodzice muszą być czujni, ponieważ dzieci mają tendencję do traktowania zwierząt jak żywych zabawek. I to nie wynika z ich złej woli tylko nieświadomości. Pracowałam z dziewczynką, która nie chciała swoim zwierzątkom robić krzywdy, co nie zmienia faktu, że je męczyła, zakładając skarpetki na głowę czy wożąc w zamkniętym pudełku. Bawiła się nimi tak jak lalkami. Pamiętam naszą pierwszą rozmowę, podczas której starałam się dowiedzieć, czy ona rozumie, co znaczy „żywe" i „nieżywe". Powiedziała mi, że zwierzę jest żywe, bo się rusza, a lalka tego nie robi, więc jest nieżywa. Tłumaczyłam jej, że lalka też się rusza. Różnica polega na tym, że zwierzę rusza się samo, a lalką musi poruszyć człowiek. Zwierzęciu bije serce, lalce nie bije. Zwierzę samo je, lalka nie. Zwierzę robi kupę, lalka nie robi. Pokazałam jej kilkanaście różnic. Zrozumiała i po tej rozmowie przestała męczyć zwierzęta. Ona myślała (czterolatka, niby duże dziecko), że to są zabawki, które żyją, czyli ruszają się jak robociki. Kompletnie nie wiedziała, co słowo „żyje" oznacza. Dla nas to jasne – pies żyje, piłka nie żyje. Dla dziecka to jasne nie jest i trudno mu to wytłumaczyć, więc rodzice powinni się do tego naprawdę przyłożyć.

Powinni zdawać sobie sprawę że dla rozwoju emocjonalnego dziecka zwierzak w domu jest jak najbardziej wskazany. Bo wtedy dziecko nigdy nie jest samo. Ma z kim pogadać, ma się do kogo przytulić i komu wypłakać. Dzięki zwierzęciu, które jest od nas zależne, dziecko uczy się, czym jest troska, odpowiedzialność, przyjaźń, miłość. Ma o kogo zadbać, kim się zaopiekować, pomasować bolący brzuszek czy zawinąć chorą łapkę. Może się wykazać.

Ale kontakt ze zwierzakiem to kontakt z bakteriami.

Nie przesadzajmy z tymi bakteriami! W bardzo wielu książkach dotyczących wychowywania psa pisze się, że gdy mamy psa w domu, przestajemy chorować. Bakterie zostają „oswojone". Wiem, że matki, które przemywają spirytusem wszystkie meble, kąpią dziecko piętnaście razy dziennie, wyparzają ręce, zastanawiają się, czy mają również wyparzyć psa, bo co będzie, gdy dziecko zje coś z jego miski?! Zapewniam – nic mu się nie stanie. Skoro czysto gotujemy dla siebie, to również czysto gotujemy dla psa.

Matki boją się śliny.

Przecież pies liże rany, które dzięki temu szybciej się goją. Poza tym o psa troszczymy się tak samo jak o każdego członka rodziny. Dbamy o jego zdrowie, chodzimy z nim do lekarza, na obowiązkowe szczepienia, na przeglądy. Myjemy mu zęby, obcinamy pazury, wyczesujemy sierść. Czuwamy, żeby nie miał pcheł i kleszczy, więc zakładamy mu specjalne obroże czy dajemy kropelki, regularnie odrobaczamy. Oczywiście zdarzają się sytuacje, że pies na dworze zje kupę albo w niej się wytarza, ale równie dobrze my też możemy w nią wejść i przynieść na butach do domu. Trzeba wyczyścić i po sprawie. Wiem, że rodzice myślą, iż pies jest siedliskiem chorób, ale tak nie jest. Nie widzę żadnych przeciwwskazań, żeby mieć czworonoga w domu. Z jednym wyjątkiem – kiedy dziecko ma alergię na sierść. Ja widzę same zalety.

A czy robiono jakieś badania porównawcze dzieci, które miały w domu zwierzęta i tych, które ich nie miały?

Nie znam takich badań, ale z autopsji wiem, że dzieci, które wychowują się ze zwierzętami, są bardziej śmiałe, odważne, przebojowe, bardziej odpowiedzialne. Są dzieci fajniejsze, mają „drugie dno".

A spotkałaś się z sytuacją, kiedy tak zwane trudne dziecko (wyjątkowo nieśmiałe lub nadpobudliwe) zmieniło się pod wpływem kontaktu z psem?

Bardzo proszę. Recepta dla dzieci z ADHD – pies. Znam chłopca, dla którego pies był najlepszym przyjacielem. To niewiarygodne, co razem wyprawiali – biegali, tarzali się, wyskakiwali z parteru przez okno. Tylko pies mógł dorównać temu chłopcu zapasem energii.

Wiesz pewnie doskonale, że istnieje metoda terapeutyczna zwana dogoterapią. Wybierane są do niej psy odpowiednich ras, o wyjątkowo łagodnym usposobieniu. Wskazana jest dla dzieci z porażeniem mózgowym, które boją się wielu rzeczy, a pies daje im poczucie bezpieczeństwa, uspokaja, wycisza, odstresowuje. Dla dzieci z niesprawnością intelektualną. Rodziny mające takie dzieci powinny mieć psa.

A dziecko nieśmiałe? Czy jemu też pies pomoże?

Pod warunkiem że nie zaszczepiliśmy im lęku przed psami. Myślę, że kontakt z psem przyda się każdemu dziecku. Dzieci nieśmiałe będą miały okazję trochę się za niego schować. Będzie dla nich takim murem ochronnym. Dzieci nadpobudliwe będą mogły się przy nim wyciszyć, uspokoić. Dzieci z problemami – pozbędą się napięcia mięśniowego. A nadruchliwe – rozładują przy nim energię. Jest tylko jeden problem – wybór odpowiedniej rasy. A te, które nadają się do kontaktu z dziećmi w każdym wieku, policzyłabym na palcach dwóch rąk. Jeżeli mamy dziecko i decydujemy się na wzięcie do domu psa, powinniśmy pamiętać, że ma to być pies o określonych cechach, ze sprawdzonego miejsca. Ostatnio zadano mi pytanie: dlaczego kupiłam psa? Przecież mogłam wziąć ze schroniska. Kupiłam psa z jednego prostego powodu – ponieważ dla mnie ważny jest nie tylko jego wygląd, ale również cechy charakteru. Ze schroniska mogę wziąć grzecznego, potulnego, ślicznego, miłego psa, ale nigdy nie wiem, jakie cechy odziedziczył. Nigdy też nie wiem, co przeżył. Oczywiście może być moim najlepszym przyjacielem, ale mogą się objawić takie cechy, których u swojego psa bym nie chciała. Dla mnie kupno psa jest decyzją wymagającą niezwykłej odpowiedzialności. Myślę, że prawie tak samo poważną jak decyzja o posiadaniu dziecka.

Weterynarz, z którym rozmawiałam, powiedział, że psa ze schroniska poleca ludziom, którzy mają ogromnie dużo cierpliwości i spokoju, dlatego że są to psy po przejściach.

Tak jak powiedziałam – dla mnie jest to decyzja wymagająca odpowiedzialności. Kiedy kupujesz samochód, wybierasz markę, kolor, tapicerkę, moc silnika. Zastanawiasz się nad wszystkim. Nie kupujesz pierwszego lepszego, który ci się podoba. Wybierasz meble, telewizor czy rower. I tak samo powinniśmy wybrać zwierzę. A ponieważ zwierzę jest żywe, decyzja o jego posiadaniu powinna być jeszcze bardziej przemyślana. Po to między innymi stworzono tyle ras, by każdy mógł wybrać tę, która mu najbardziej odpowiada. Broń Boże nie kierować się modą, tak jak ostatnio – na amstaffy. Wiadomo, że to rasa bojowa i nie każdy jest w stanie nad takim psem zapanować.

Myślę, że dużo złego robią media, które mówią, że amstaff czy rottweiler pogryzł dziecko. Dla wielu ludzi jest to dowód, że posiadanie psa jest niebezpieczne.

A ci, którzy mają amstaffy, pozbywają się ich na wszelki wypadek, bo to niebezpieczna rasa.

A jaki może to mieć wpływ na dziecko? Jakie mogą być konsekwencje tego, że rodzice biorą do domu psa, a potem go oddają?

Jeśli pójdą psa uśpić, wyrzucą po drodze z samochodu albo oddadzą na wieś, do kogoś, kto go zastrzeli, konsekwencje będą straszne. Nie możesz powiedzieć: pies gryzie mi buty, nie mam go z kim zostawić na wakacje, więc go oddaję. Dziecko też może być niegrzeczne i jakoś nie przychodzi ci do głowy, by się go pozbyć. Zauważyłam jednak, że ludzie traktują psy trochę jak dzieci z domów dziecka – gdy nie uda im się proces wychowawczy, to dziecko zwracają.

Wracając do konsekwencji. W związku z tym, że dziecku zostało odebrane to, co kochało najbardziej, traci zaufanie do rodziców. Stwierdza, że rodzice zawsze oszukują. Zostanie zaburzone poczucie bezpieczeństwa i własnej wartości. Pojawi się mnóstwo problemów psychologicznych, związanych z tym, że dziecko nie rozumie, co się wydarzyło. Takie dziecko może zacząć niszczyć rzeczy lub nawet uciec z domu.

Inną sytuacją jest, gdy pies odchodzi, ponieważ choruje. Wtedy trzeba dziecku wytłumaczyć, co się dzieje, by dobrze przygotować je na odejście zwierzęcia. Wiem, że rodzice boją się rozmów o śmierci, ale nic nie tłumaczy ich postępowania, gdy chomika, który zmarł, natychmiast zastępują nowym, myśląc, że dziecko niczego się nie domyśli. Przecież dziecko, nawet jeżeli wejdzie w tę grę, doskonale wie, że to inny chomik. Inaczej wygląda, inaczej się zachowuje. Tamten umiał coś zrobić, a ten nie umie, tamten był grubszy, miał przy palcu narośl.

Chciałabym też zwrócić uwagę, że nie powinno się nazywać zwierząt ciągle tym samym imieniem. Dziecko jako dorosły wspomina: „Miałem żółwia Amika. A potem, kiedy żółw padł, miałem nowego Amika. Kota". Te zwierzęta muszą być niepowtarzalne – dla nas i dla naszych wspomnień.

Myślę, że nadając inne imię, jeszcze silniej podkreślamy, że każde zwierzę jest indywidualnością. Że chociaż ciągle jest to świnka morska, to jednak inna.

Moi sąsiedzi mieli dogi niemieckie. Te psy bardzo często chorują na nowotwory. Mniej więcej co dwa lata brali nowego szczeniaka z tej samej hodowli i każdego nazywali tak samo: Aro. Przez piętnaście lat, kiedy byli moimi sąsiadami, przeżyłam sześć takich Aro. Uważam, że to chore. To tak jakbyśmy wszystkim swoim dzieciom dawali na imię Piotruś: Piotruś Pierwszy, Piotruś Drugi, Piotruś Trzeci. Zresztą tak samo chore jest nadawanie dziecku imienia po ojcu czy matce. Ojciec ma na imię Stanisław, a dziecko – Stanisław Junior. Dramat! Dziecko jest osobną indywidualnością. Jeśli już tak bardzo chcemy, dajmy mu drugie imię po tatusiu, ale pierwsze niech ma swoje, własne.

Zwierzaka kupujemy dla rodziny. Świnkę morską też. A czy dziecko może wybrać imię?

Oczywiście, że tak.

A może jest to wręcz wskazane?

Myślę, że nie ma to większego znaczenia. Ale na pewno nie powinno być tak, że ojciec przyprowadza do domu psa, który już się jakoś nazywa. Wybór imienia jest ważną kwestią i najlepiej załatwić ją w gronie rodzinnym. Można zrobić listę imion i ją przedyskutować, można zrobić losowanie. Wybieranie imienia, kupowanie zabawek, smyczy, obroży, jedzenia – to sprawy, które rodzinę łączą, ponieważ pojawia się wspólny temat. Często zwierzak działa w rodzinie jak katalizator – łagodzi konflikty, sprawia, że rodzice i dzieci rzadziej się kłócą i spędzają razem więcej czasu.

I nie ma w tym nic dziwnego. Psychologowie już dawno zauważyli, jak dobroczynny wpływ na człowieka ma kontakt ze zwierzęciem. W tej chwili psy i koty wpuszczane są do szpitali. Pozwala się trzymać zwierzęta w domach dziecka. Nawet więźniowie mogą mieć chomiki czy rybki, które zajmują ich czas i uwagę, dzięki czemu spada ich poziom napięcia i agresji. Bo zwierzęta są superterapeutami. A jeśli ktoś w to nie wierzy, niech wybierze się na spacer z psem lub posiedzi w fotelu z mruczącym kotem na kolanach. Zapewniam, że odstresowują lepiej niż drink czy tabletki na uspokojenie.

9. MOJE DZIECKO ZASŁUGUJE NA LANIE

1. Mój mąż stosuje jedną jedyną metodę wychowawczą w stosunku do dzieci. Klapsy, bicie paskiem, często czym popadnie. Mam tego dość, bo się na to nie zgadzam. Próbowałam rozmawiać z mężem. To przecież dobry i porządny człowiek. On kocha swoje dzieci, tylko jak one są niegrzeczne czy nie wykonują poleceń, to on się denerwuje i wtedy dostają klapsy. Co mam zrobić? Jak mam rozmawiać z mężem, jak mu wytłumaczyć?

2. Strasznie mnie denerwują pewne zachowania moich dzieci (Jurek dwanaście lat i Alek pięć). Rozmawiałam z chłopcami wielokrotnie, próbowałam tłumaczyć. To nie pomaga. Daję im wobec tego w skórę i mam w domu spokój, ale i poczucie winy. Najpierw się zezłoszczę na nich, przyleję, a potem płaczę, przepraszam dzieci, staram im się to wynagrodzić. Czy to dobrze, że jak najpierw je zbiję, to na przeprosiny kupuję im zabawki? Czy to się dzieciom wyrównuje?

Jest mi bardzo trudno mówić o przemocy fizycznej wobec dziecka – biciu, uderzaniu, potrząsaniu, szarpaniu – ponieważ jestem jej przeciwniczką. Na spotkaniu rzecznika praw obywatelskich z ludźmi z organizacji pozarządowych ustaliliśmy, że nie będziemy używać słowa klaps, tylko będziemy mówić: uderzanie dziecka. Dlatego że gdy mówimy klaps, przeciętny obywatel

puka się w głowę i stwierdza: „Ci wariaci psychologowie nie pozwalają dziecku dać klapsa! A klaps jeszcze nikomu zaszkodził". Mówimy o uderzaniu drugiego człowieka, ponieważ tym właśnie jest klaps. Gdybym cię teraz uderzyła, podałabyś mnie do sądu i sprawę wygrała. Gdybym uderzyła dziecko – nikt by o tym nie wiedział. I jednego, i drugiego robić nie wolno. Trzeba powiedzieć z całą stanowczością, że bicie nie jest metodą wychowawczą. To poddanie się rodzica, koniec jego argumentacji i na ogół początek końca, ponieważ przemoc domowa, włącznie z maltretowaniem dzieci, zawsze zaczyna się od pierwszego, „niewinnego" klapsa. Podobnie jak z paleniem papierosów – nigdy nie wypalamy od razu całej paczki, zaczynamy od jednego. Nie upijamy się od razu butelką wódki, zaczynamy od jednego kieliszka.

Dlaczego nie wolno uderzać? Jeden z podstawowych argumentów jest taki, że zabrania tego Konstytucja Rzeczypospolitej Polskiej, i jest to karalne. A patrząc z drugiej strony – uderzanie to przemoc osoby starszej, silniejszej nad młodszą, słabszą i bezbronną. Anegdota: „Ojciec wyciąga małe dziecko z piaskownicy, daje mu klapsa i poucza: Ile razy mówiłem ci, że nie wolno bić słabszych?!".

Może robi to z miłości, tak jak ojciec z pierwszego listu.

Nie ma takiej opcji. Nie ma czegoś takiego, jak bicie czy uderzanie z miłością i troską. Bicie i miłość się wzajemnie wykluczają. Nie może być tak, że uderzając dziecko, mówimy, że je kochamy. Bo psychologia już od dawna wskazuje na zagrożenia związane z tym, że można połączyć ból z przyjemnością. Dziecko, które dostaje klapsa czy lanie, po czym natychmiast słyszy: „Kocham cię i robię to dla twojego dobra", będzie miało zakodowane, że aby zasłużyć na pochwałę, trzeba najpierw doświadczyć bólu. To działa w obie strony – aby zasłużyć na miłość, musi najpierw być zbite, a jeśli chce komuś okazać miłość – musi najpierw zadać ból. Więc kiedy dorośnie, będzie bić swoje dzieci, partnerów, ludzi na ulicy. Po to, żeby być kochanym lub żeby okazywać miłość.

Pracowałam z pięcioletnim chłopcem, który bił matkę. Wpadał we wściekłość, a ona przytulała go, aby się uspokoił. Okazało się, że chłopiec robił to tylko po to, aby wzbudzić zainteresowanie, ponieważ matka przytulała go i całowała tylko w jednej sytuacji – właśnie wtedy, kiedy ją bił. Wymyśliła sobie, że w ten sposób go uspokoi. Wytłumaczyłam jej, że jego agresja jest wołaniem o odrobinę bliskości. Kiedy zaczęła go przytulać, całować i mówić, że go kocha, w różnych sytuacjach – bicie się skończyło.

Ale często biją bardzo małe dzieci.

Po raz pierwszy dziecko wyciąga rękę na dorosłego mniej więcej w drugim roku życia. To naturalne, ponieważ dzieci w tym wieku chcą zaznaczyć swoją obecność. Walą ręką w stół i mówią: „Nie!". Walą w stół i mówią: „To moje!". I potrafią wyciągnąć rękę, aby uderzyć mamę czy babcię. To nie jest przemoc dziecka wobec nas i to nie oznacza, że dzieci te są bite. Po prostu chcą zaznaczyć: „Oto jestem!".

Żebym cię dobrze zrozumiała: bierzemy dziecko na ręce, a ono uderza nas w twarz?

Tak. Robi tak bardzo dużo dzieci, w tym samym wieku. Powody mogą być różne. Może chcą skierować naszą głowę w swoją

stronę, może chcą nas złapać za policzek, może wiedzą, że wtedy na nie spojrzymy? Próbują zwrócić na siebie uwagę. Często w takiej sytuacji rodzice ze śmiechem komentują: „Taki mały, a mamusi przyłożył! Jaki dzielny!". I dziecko koduje sobie, że aby zwrócić na siebie uwagę, trzeba tak robić. A śmiech dorosłych traktuje jako nagrodę, a w związku z tym – uczy się powtarzać. Lecz kiedy zaczyna bić zbyt często i zbyt boleśnie (bo wali na odlew), wszyscy przestają się śmiać i krzyczą: „Jesteś niegrzeczny! Nie wolno bić!". Ale jeśli dziecko to zrobi, nadal będzie w centrum zainteresowania.

Nie lepiej od samego początku mówić: „Nie wolno bić mamy!"?

Oczywiście, bo w ten sposób wysyłamy komunikat, że nam się to nie podoba, że tak robić nie wolno. Nie musimy podnosić głosu. Wystarczy, że pokażemy dziecku, że nam to nie odpowiada, zaniesiemy do kojca, mówiąc: „Nie wolno nikogo uderzać", albo zatrzymamy jego rękę w pół drogi. Naturalnie dziecko będzie próbowało powtórzyć takie zachowanie, i tu ważne jest, jak zareagujemy. Jeżeli ponownie złapiemy za rękę i powiemy: „Nie wolno! To mi się nie podoba!", po czym odniesiemy do kojca czy łóżeczka, ignorując płacz i agresję dziecka, wtedy nauczy się, że jest to zachowanie niepożądane, i przestanie tak robić. Jeżeli natomiast będziemy to bicie wzmacniać uwagą, zainteresowaniem, śmiechem, komentowaniem – będzie to robić nadal. Ale to jeszcze nie jest przemoc. To zachowanie naturalne, rozwojowe, coś, co można nazwać siłowaniem się dziecka z rodzicem, próbą zwrócenia na siebie uwagi: „Oto jestem!". Przemoc pojawia się wtedy, kiedy dziecko wykorzystuje ten mechanizm, kiedy chce coś od nas uzyskać.

Dzieci są mądre i wiedzą, że pewne rzeczy się opłacają, a inne nie. Pewne rzeczy działają, a inne nie. Jeżeli na przykład dziecko podeszło do babci i uderzyło ją, a my mówimy: „Tak robić nie wolno!", po czym, kiedy zrobi to ponownie, babcia się rozpłacze i powie: „Jak mnie nie będziesz bił, dam ci cukierka!", to uczy się, że bijąc, można coś załatwić. Bardzo szybko zorientuje się, że jeżeli chce coś uzyskać, musi zastosować tę metodę. I stosuje ją również w miejscach publicznych – robi w sklepie rzut do tyłu lub podbiega do matki i tłucze ją, ponieważ chce, aby kupiła mu batonik czy samochodzik. Jeśli matka ustąpiła raz, musi ustępować już zawsze, ponieważ nauczyła dziecko, że uzyskanie czegoś w ten sposób jest tylko i wyłącznie kwestią czasu. Trzeba tylko poczekać, aż mamie skończy się cierpliwość. To my nauczyliśmy dziecko, że takie zachowanie przynosi zamierzone efekty.

O przemocy mówimy wtedy, kiedy na przykład dziecko bez powodu kogoś kopie, gryzie, szarpie. Uderza po to, żeby sprawić ból. Jeżeli dziecko stosuje przemoc jako sposób na osiągnięcie czegoś, uważam, że można to uznać na skutek złego wychowania. Jeżeli natomiast dziecko stosuje przemoc w celu sprawienia bólu, to jest to jego świadomy wybór, związany z tym, że wie, jak czuje się człowiek, który bólu doświadcza. Co znaczy, że samo nieraz oberwało. Kiedy zaniepokojeni rodzice pytają: „Dlaczego nasz syn bije inne dzieci, a przecież nigdy nie dostał nawet klapsa?", tłumaczę, że jest to do pewnego stopnia zachowanie rozwojowe, które zostało źle poprowadzone i dziecko wie, że jest to metoda, która pozwala mu coś uzyskać. A jak ma bić, nauczył się na podwórku czy oglądając telewizję. Wina rodziców polega na tym, że nie zareagowali wtedy, gdy zrobił to pierwszy raz. Kiedy natomiast widzę, że dziecko bije inne dzieci dla samego bicia i sprawia mu to wyraźną

satysfakcję, z dużym prawdopodobieństwem mogę stwierdzić: „Państwa dziecko postępuje tak, ponieważ było lub jest bite". Nie chcę jednak rozwodzić się na temat przemocy dziecka wobec rodziców czy dziecka wobec rówieśników. Chcę mówić o przemocy rodziców wobec dzieci. O rzeczy absolutnie niedopuszczalnej, skandalicznej, niezgodnej z prawem, karalnej. Pominę jednak temat dzieci maltretowanych, przemocy seksualnej, zaniedbania, ponieważ uważam, że nie ma na to żadnego wytłumaczenia. Skupię się na czymś, co jest uznawane przez rodziców za metodę wychowawczą, czyli na uderzaniu dziecka, powszechnie zwanym klapsem. Tego robić nie wolno. To do niczego nie prowadzi. To pokazuje tylko, że wolno bić innych ludzi. A kiedy będziemy chcieli wytłumaczyć dziecku, że nie wolno używać siły, nie będziemy mieli żadnego argumentu, bo wtedy odpowie: „Ale ty mnie bijesz!".

Ale niektórzy rodzice dają klapsa tylko w szczególnych sytuacjach, na przykład wtedy, gdy dziecko chce wsadzić palce do kontaktu.

Wiesz, co się robi, żeby dziecko nie wkładało paluszków do kontaktu? Zakłada się specjalne zabezpieczenia. Dzieci robią w domu różne rzeczy – ściągają z półek szklane naczynia, dotykają gorących garnków – i często dochodzi do wypadków. Ale ich przyczyna jest zawsze jedna – niezabezpieczenie domu przez rodziców.

A jeżeli dziecko bawi się nożem czy widelcem?

Dlatego do pewnego wieku dajemy mu sztućce plastikowe. Jeżeli dziecko jak szalone ciągnie do wody, nie jeździmy z nim nad morze czy nad jezioro. Dopóki nie zrozumie, że woda może być niebezpieczna. Drugi wariant jest taki, że trzymamy je za rękę. Czasem trzeba użyć trochę siły i wytłumaczyć: „Jeżeli nie zastosujesz się do zasad, będę cię trzymać za rękę". Klaps nic nie pomoże, ponieważ przemawia do skóry, a nie do rozumu. Jeżeli damy dziecku klapsa, w momencie gdy wkłada palec do kontaktu, niczego się nie uczy. Uczy się tylko tego, że nie wolno wkładać palców, gdy patrzy dorosły. A kiedy dorosły wyjdzie do drugiego pokoju, i tak to zrobi. A jak nie zrobi tego w domu, bo będzie się bało, to zrobi gdzie indziej. Albo namówi do tego młodszego brata. Naszym obowiązkiem jest wytłumaczyć dziecku, dlaczego pewne rzeczy są niebezpieczne. Klaps i bicie uczy dziecko tylko jednego – że jest to bardzo dobra metoda na uzyskanie tego, czego się chce.

Dlaczego?

Dlatego że gdy rodzic mówi: „Nie rób tak! Nie ruszaj!" i daje po łapach – dziecko tego nie robi. Więc kiedy chce, żeby ktoś oddał mu swoją zabawkę, też używa siły. Jeżeli jakiś mechanizm skutkuje, to się go wykorzystuje. Jeżeli sami doświadczyliśmy, że musieliśmy coś oddać, bo dostaliśmy klapsa, bo nas szarpnięto za ucho czy popchnięto, to gdy chcemy dostać coś, co do nas nie należy – postępujemy tak samo. Przemoc rodzi przemoc.

Mam w domu szczeniaka. Wiem, że szczeniaki gryzą kable, więc poprzestawiałam meble, tak żeby kable nie były dla niego dostępne. Nie mogę pojąć, dlaczego rodzice nie zabezpieczają mieszkania w taki sposób, żeby chronić dziecko przed niebezpieczeństwem. To kolejna bezmyślność rodziców. A potem matka biadoli, że synek ściągnął sobie lampę na głowę! A co miał robić, skoro widzi, że zwisa coś długiego? Pociągnął z ciekawości raz, i jeszcze raz. I zadziałała grawitacja.

Jeżeli mamy w domu małe dziecko, to mocujemy regały do ścian (wszystkie sklepy meblowe mają w zestawach specjalne haki), zakładamy zabezpieczenia na szuflady, żeby dziecko nie mogło ich otworzyć, zabezpieczenia na apteczki. Dlaczego chociaż pisze się, że środki chemiczne powinny być poza zasięgiem dziecka, że apteczka powinna być zamykana na klucz, rodzice się do tego nie stosują?! Wchodzę kiedyś do pewnego domu, a w nim trójka małych dzieci i szklany stół! I całe życie domu toczy się wokół tego stołu. Wszyscy skupiają się na tym, żeby go nie potłuc. Przy okazji matka pilnuje, żeby dzieci się nie skaleczyły, ale głównie chodzi jej o stół.

Mogę zrozumieć, choć wiem, że nie wolno tego robić, że matka odruchowo daje klapsa, ale kompletnie nie rozumiem matek, które robią to, gdy ich dziecko przewróci się na ulicy. A jest to widok bardzo częsty.

Nie ma czegoś takiego jak odruch. To jest frustracja matki. Daje dziecku klapsa na przykład wtedy, gdy dziecko jej uciekło na drugą stronę ulicy. A w przypadku, o którym powiedziałaś, dziecko dostaje klapsa dlatego, że się ubrudziło. I zniszczyło spodenki. I płacze. I spóźnimy się na autobus.

Ale argument brzmi: „Mówiłam, nie gap się!", a nie: „Bo pobrudziłeś spodnie!".

A zauważyłaś, jak te matki idą z dziećmi po ulicy? Oglądają wystawy i ciągną je za sobą tak, że dzieciak prawie frunie. Nie zwracają uwagi na to, czy chodnik jest równy, czy nie. Dla nas jest równy, bo stawiamy duże kroki. Dla dziecka może taki nie być. Oczywiście matka, której dziecko nadepnie na nogę w sklepie czy w autobusie, również daje mu klapsa. Widziałam kobietę, która, gdy jej synek się przewrócił, uderzyła go w twarz. Bo ubrudził spodnie. Dzieci nie są niczemu winne. To frustracja matek. A wypadek dziecka był tylko tą kroplą, która czarę goryczy przepełniła.

Fatalne jest to, że matki kompletnie nie zastanawiają się nad konsekwencjami. A konsekwencje uderzania są dramatyczne. Uczymy dziecko, że przemoc jest dobra, że przemoc jest wszechobecna, że ludzie, którzy kochają, mają prawo zadawać ból (przecież mamusia i tatuś tak robią). Bo to jest naturalne. Stąd biorą się te absurdalne teksty: „Ojciec mnie bił i dzięki temu wyrosłem na porządnego człowieka. Dlatego z moimi dziećmi postępuję tak samo". Jeżeli ktoś bije swoje dzieci, to nie wyrósł na porządnego człowieka, ponieważ porządni ludzie nikogo nie biją. Jest jeszcze kompletnie absurdalny mit – że chłopca nie można wychować bez klapsa. Dziewczynka jest delikatniejsza, łagodniejsza, ale chłopca trzeba wytresować, i dlatego musi parę razy spotkać się z paskiem ojca. Właśnie po to, by wyrósł na porządnego człowieka. Mało tego. Kiedyś dyskutowałam ze studentem. Tłumaczył mi, że ojciec bił go z miłością. On, kiedy dostawał lanie, czuł, że ojciec go kocha. Do dzisiaj nie rozumiem, co to znaczy. Dla mnie sprawa jest jednoznaczna: albo kochasz, albo bijesz. Zadawanie bólu nie mieści się w definicji miłości. Wręcz przeciwnie – jest jej zaprzeczeniem.

Dlaczego mówi się, że dzieci powielają błędy rodziców? Wyobraź sobie sytuację, że dziecko za wszystkie przewinienia (ważne, mniej ważne) jest w domu uderzane. I dowiaduje się, że jest to jedyna metoda, którą można zastosować w tej sytuacji.

Doświadcza przy tym bólu i upokorzenia, więc obiecuje sobie, że swoich dzieci nigdy nie uderzy. Kiedy taki człowiek jest już dorosły, ma dzieci i nie bije ich, bo sobie obiecał, że nie będzie tego robić. Dba o nie, bardzo je kocha i przychodzi trudna sytuacja, stresowa – wali mu się w pracy, ma kłopoty w związku, dzieci stłukły wazę Ming z prochami prababci – i odruch, czyli to, co mamy gdzieś wdrukowane w głowie, działa za niego: daje klapsa. I okazuje się, że nie jest to takie straszne, że jego dziecko średnio się tym przejęło, jemu też wcale nie jest z tym tak źle, więc zaczyna to powtarzać. Dlatego właśnie w rodzinach, w których dzieci były bite – bite są nadal. To tylko kwestia czasu. Niektórzy rodzice biją od razu, ponieważ pamiętają emocje z dzieciństwa, gdy dostawali lanie, i chcą, żeby ich dziecko poczuło to samo. Nie mają żadnego innego pomysłu na ukaranie dziecka, na pokazanie mu, że zrobiło coś złego, więc powielają sprawdzony wzorzec. Bo pamiętają, że jak oberwali, to wiedzieli, że tak robić nie wolno.

Bijąc dzieci, zabijamy ich wrażliwość. Pracowałam z dziewczynką, którą matka biła tak długo i często, że zabiła w niej wszystko, co dobre. Miała jedenaście lat. Gdy jej powiedziałam, że nie wolno bić dzieci, spojrzała na mnie przeraźliwie smutnym wzrokiem i powiedziała: „To proszę powiedzieć to mojej mamie". Znosiła bicie z ogromną pokorą. Powiedziałam matce: „Tylko czekam, kiedy ty dostaniesz". Jest takie okrutne zdanie, że dzieci bite już w dzieciństwie szukają dla rodziców domu starców. Nie nauczymy wrażliwości, cierpliwości, tolerancji, używając siły. W związku z tym nie oczekujmy tolerancji i cierpliwości od dzieci, kiedy będziemy starzy.

U dziecka, które było bite w dzieciństwie, może pojawić się też syndrom ofiary.

Oczywiście, ponieważ bijąc dziecko, uczymy je, że jest nic niewarte. I wychowujemy człowieka, który ma o sobie bardzo niskie mniemanie, człowieka, któremu wydaje się, że za wszystko może zostać ukarany. Zawsze będzie mu się wydawało, że wszystkie razy i cięgi – te prawdziwe i te emocjonalno-psychiczne – powinny na niego spaść, bo taki jest po prostu jego los. Często myślą tak o sobie mają dzieci maltretowane, o których nie chcę tutaj mówić, ponieważ nie jest to książka dla rodziców, którzy maltretują dzieci, tylko dla tych, którzy uważają, że uderzenie dziecku krzywdy nie zrobi. Zrobi. Na poziomie fizycznym i na poziomie psychicznym. Wystarczy trochę wyobraźni – maleńkie dziecko i duża ręka tatusia, i jeden klaps, który odbije mu nerki. Co prawda jakiś rodzic tłumaczył w Internecie, że pośladki specjalnie mają tak dużo tkanki tłuszczowej i mięśniowej, żeby zabezpieczyć kości i narządy wewnętrzne. Ale to kompletna bzdura.

Dzieci, które dostają klapsy w pupę, mają mikrouszkodzenia kręgosłupa.

Również głowy. Bo teraz mamusie nie schylają się, by uderzyć w pupę, tylko walą po głowie. Chociaż kiedyś rozmawiałam z mamusią, która ogląda mój program i już wie, że trzeba mieć zasady. Dlatego ma zasadę, że nigdy nie bije od pasa w górę.

Oprócz przemocy fizycznej jest jeszcze przemoc emocjonalna...

Myślę, że są one równoważne. Fizyczną widać bardziej, bo to są dzieci przywożone do szpitali z objawami uszkodzeń ciała, pobić. W szpitalach nie zobaczysz dzieci, które doświadczają

przemocy werbalnej albo emocjonalnej, ponieważ są to pacjenci psychoterapeutów. To dorośli, którym w dzieciństwie wmawiano, że są nic niewarci, nic nie rozumieją.

Myślę, że rodzice nie zdają sobie sprawy z tego, czym jest przemoc emocjonalna w stosunku do trzy- czy czterolatka.

Błagam cię! Doskonale zdają sobie sprawę, ponieważ ją stosują. A czym innym jak nie przemocą jest mówienie dziecku: „Nie będę teraz z tobą rozmawiać, nie kocham cię! Jesteś niedobry, niegrzeczny, nieposłuszny! Siedź tu! Zjem teraz ciastko, a ty nie będziesz jadł. Nie dam ci. Zabiorę ci". Bez tłumaczenia dlaczego.
Tutaj nie ma brzydkich słów. Tutaj są tylko słowa, które sprawiają ból. Oczywiście ktoś się żachnie: „Co to za przemoc?!".
Jest to przemoc emocjonalna, ponieważ mówimy w ten sposób do dziecka, z intencją wyrządzenia krzywdy. Nie musimy krzyczeć. W naszym głosie jest złośliwość, zawziętość: „Nie będę się do ciebie odzywać. Nie powiem ci, o co mi chodzi. Nie pójdziesz, bo nie! Będziesz siedział w pokoju".

Albo: „Mamusia się na ciebie obraziła". I nie odzywa się do dziecka przez parę godzin.

Miałam studentkę, która mówiła, że jest to jej metoda na dziecko. Spytałam: „A zastanowiłaś się, jak ono się czuje?".
Bo jeśli dziecku powiesz: „Zrobiłeś niewiarygodną głupotę. Nie jestem w stanie o tym teraz rozmawiać. Muszę posiedzieć w ciszy, bo inaczej powiem dwa słowa za dużo", to nie jest przemoc. Natomiast kiedy matka się obraża: „Co ty zrobiłeś! Zachowałeś się jak nie moje dziecko! Dopóki się nie

poprawisz, nie odezwę się do ciebie!" – to jest to na granicy przemocy emocjonalnej. Albo dziecko pyta: „Mamo, czy mogę iść na podwórko?". A matka: „Nie wiem!". „Proszę, wyjdę z koleżankami". „Nie wiem. Zastanowię się". Trzymanie dziecka w niepewności.

Trzylatkowi też mogę powiedzieć: „Przepraszam cię bardzo, ale muszę się zastanowić"?

Muszę odpocząć. Teraz jestem na ciebie zła i mogę krzyczeć. Jest mi przykro, że tak zrobiłeś. Daj mi pięć minut, żebym ochłonęła. To jest czas, w którym mamy się wyciszyć.

To znaczy, że zachowujemy się tak samo w stosunku do dziecka trzyletniego, jak i dziesięcioletniego, tyle tylko że używamy innych słów?

I innych proporcji czasowych, bo dla trzylatka pięć minut to już jest długo. Powiedz mi, dlaczego mielibyśmy zachowywać się inaczej? Przecież trzylatek też zrozumie, że mamie jest przykro. Albo że jest zdenerwowana.

Ale matki często mówią: „Po co tłumaczyć małemu dziecku, skoro i tak nie zrozumie?".

A po co tłumaczyć blondynce? Albo w ogóle kobiecie? Mężczyźni tak myślą: „Po co będę tłumaczył tej babie, przecież i tak nie zrozumie!". Jak się czuje kobieta, którą facet tak traktuje? Przecież to nic innego jak przemoc emocjonalna.
Jest jeszcze przemoc werbalna. Przemoc emocjonalna charakteryzuje się tym, że nacisk kładziony jest na to, co jest drugim

dnem: „Jesteś taka głupia jak twój ojciec. Nic z ciebie nie wyrośnie". Słowo „głupia" jest pretekstem. Równie dobrze można powiedzieć: „Jesteś taka, jak twój ojciec. Nic z ciebie nie wyrośnie". Stosując przemoc werbalną, używamy słów, które są obraźliwe. Mówimy: idiotka, kretynka, bałwan, dureń, kurwa, czyli, krótko mówiąc – ubliżamy. Ale też obrażamy, dokuczamy, wyśmiewamy, wypominamy. I oczywiście bardzo często wszystkie te rodzaje przemocy się ze sobą łączą.

Zdziwiłabym się, gdyby tak nie było!

Jesteś w błędzie, ponieważ są mamusie, które dzieci nie biją. Ale cały czas są w stosunku do nich cyniczne: „I tak nic z ciebie nie będzie!". To jest takie dokuczanie na zimno. Albo stosują szantaż emocjonalny: „Nie przytulę cię teraz! Jesteś niegrzeczny. Nie wezmę cię na kolana" lub zamykają dziecko w ciemnej łazience, w szafie albo nie dają kolacji. To jest potworna przemoc.

Oczywiście mamy jeszcze przemoc seksualną, o której nie chcę mówić. Ale jest jeszcze jedna forma przemocy, o której zapominamy – zaniedbanie. Głównie o charakterze emocjonalnym, czyli nie zaspokajamy podstawowych potrzeb dziecka. Nie dajemy tego wszystkiego, co rodzic powinien dać dziecku: miłości, ciepła, opieki, poczucia bezpieczeństwa. Bardzo często ofiarami zaniedbania są dzieci z bogatych domów. To taki paradoks – teoretycznie mają wszystko, oprócz tego, co się nazywa witaminą M. To są te dzieci, które potem się gubią. To są dzieci niebywale podatne na sekciarstwo, na używki, na zależność od różnego rodzaju grup. Bo to są ludzie, którzy łakną tego, aby ktoś ich zaakceptował, żeby ktoś ich zauważył, ktoś pokochał. Więc gdy ktoś z sekty mówi: „Kochamy cię takim, jaki jesteś. Nieważne, czy masz zeza, krzywe nogi, krzywe zęby. Dla nas jesteś najcudowniejszy" – oni w to wchodzą jak w masło.

Przemoc w stosunku do dzieci może występować w każdej rodzinie. Nie pocieszajmy się, że ma miejsce tylko w tak zwanych rodzinach patologicznych. Ta przemoc występuje w domach lekarzy, dziennikarzy, aktorów, polityków, policjantów, naukowców. Wszędzie.

10. MOJE DZIECKO JEST TYRANEM

E-MAIL

Moje dziecko podporządkowało sobie cały dom. Wszyscy robią to, co ono chce. Jak mu się ktoś sprzeciwi, to krzyczy, płacze, bije babcię, brata. Rządzi, decyduje. Ma trzy i pół roku. Nianiu, ratuj! Co mam zrobić?

Ten problem dotyczy wielu rodziców. Rodziców, nie dzieci. Bo dorośli tak bardzo chcieli być wspaniałymi mamą i tatą, że pozwolili, aby odwróciły się role – żeby to dziecko decydowało, a oni wykonywali jego polecenia. I tak było od początku. A zaczęło się od bardzo drobnych rzeczy: od tego, że kiedy dziecko miauknęło – matka podbiegała do niego zatrwożona. Gdy zapłakało – już nosiła je na rękach. Od tego, że było przez godzinę bujane przed zaśnięciem. Od tego, że gdy niechcący przewróciło talerz, mamusia stawiała drugi. Od tego, że pytała, co chce zjeść na śniadanie, obiad czy kolację i dawała do wyboru menu jak w najlepszej restauracji. Zaczęło się od niewinnych rzeczy, a skończyło na przykład na tym, że (tak jak w pewnej rodzinie) rodzice w tajemnicy przed dzieckiem kupowali czekoladę, którą zjadali po kryjomu, aby im jej nie zabrało. To dziecko w sklepie wrzucało do koszyka rzeczy, które chciało mieć. Zawłaszczyło bardzo ważny atrybut władzy rodzicielskiej – pilota do telewizora – i decydowało, jaki program będą oglądać. To dziecko mówiło matce: „Ubiorę się za pięćdziesiąt złotych albo stówkę!".

Nie żartuj! Ile miało lat?

Sześć. I wiesz, co było najlepsze?

Że matka dawała?!

Tak! Albo rzucało tekst: „Wyjdę na spacer za pięćdziesiąt albo stówkę!".

To ten dzieciak musiał mieć kupę forsy!

Nie, bo kiedy matka nie miała pieniędzy, siedziała z nim w domu, a on nawet się nie ubierał!
Miała dwoje dzieci. Chciały dostać piłkę. Poszła do sklepu i kupiła synowi trzy piłki, a córce (pięcioletniej) – dwie.

Dlaczego aż tyle?

Żeby miały do wszystkich dyscyplin sportowych. Dzieci nie robiły nic, jeśli nie dostały za to chociaż loda lub chipsów. Nic. Nawet nie uśmiechały się do ludzi. Bo tak zostały nauczone. Ten chłopiec tak walczył o swoje, że demolował mieszkanie. Nigdy wcześniej czegoś takiego nie widziałam. On wylewał olej, mleko, zrzucał wszystko, co było na półkach. Zniszczył wszystkie papierowe lampy, zrzucił telefon, klawiaturę od komputera. A najgorsze było to, że kiedy mnie nie było w pobliżu, matka mu ustępowała. On wiedział, że dzięki takiej awanturze będzie miał wszystko, co zechce. Sterroryzował rodzinę do tego stopnia, że ojciec nie wracał do domu, dopóki syn nie poszedł spać, ponieważ się go bał!

Takich rodzin miałam bardzo dużo. Rodzin, w których matki bały się swoich dzieci, bały się powiedzieć im nie: „Bo on zrobi mi krzywdę. Bo mnie pobije". Te dzieci zwracały się do nich: „Ty szmato! Ty kurwo!". A kiedy próbowałam tę chorą sytuację naprawić, te kobiety prosiły: „Niech już mówi do mnie «kurwo», byle nie zwracał się tak do mnie, gdy jesteśmy poza domem. A jak mówi w domu, to już nie walczmy z nim tak bardzo".

Ale te dzieci, na miłość boską, takie się nie urodziły! Starałam się tym rodzinom wytłumaczyć, że wykonały piekielnie ciężką pracę, żeby doprowadzić dziecko do takiego stanu.

Pracowałam z trzyletnim chłopcem, któremu narzucono ciężar odpowiedzialności za dom. On był mężczyzną swojej samotnej matki, która radziła się go we wszystkim. Miał podejmować przeróżne decyzje, na przykład, jaki ma być kolor kafelków w łazience. Na początku tej kobiecie wydawało się zabawne, że ma takiego małego mężczyznę, ale w końcu doszło do tego, że dziecko całkowicie przejęło odpowiedzialność.

A nadmiar obowiązków jest dla dziecka tak frustrujący, że zaczyna być agresywne?

Oczywiście. Tak jak dla dorosłych. Przekroczenie pewnego poziomu frustracji prowadzi do agresji. Tylko my, dorośli, mamy coś, co nazywa się wglądem, większą świadomością, doświadczeniem. A dzieci tego nie mają. Dzieci nie wiedzą, co ze swoją frustracją zrobić. Mało tego – są dzieci, którym taka sytuacja odpowiada, bo dzięki niej uzyskują dobra: dostają zabawki, słodycze. Dostają wszystko, co chcą.

Mały szantażysta, świadomy tego, co robi?

Właśnie. „Nie będę jadł! I co mi zrobisz?! Zjem, jak mi dasz lizaka!". I matka daje mu lizaka, żeby zjadł obiad. On szantażuje, terroryzuje, zachowuje się w sposób przerażający. A rodzice kompletnie nie wiedzą, co z tym zrobić. Zawsze tłumaczę, że najlepszą metodą jest przerwanie tej sytuacji.

Łagodnie czy ostre cięcie?

Tylko skalpel. Podobnie jak w sytuacji, gdy rzucamy palenie. Od razu. A nie po jednym papierosie.

Domyślam się, że kiedy dziecko doświadczy tego chirurgicznego cięcia, zrobi dwudziestoczterogodzinną awanturę i przewróci dom do góry nogami.

To zależy od charakteru dziecka, od tego, jak długo ta sytuacja trwała i jakie ma relacje z matką. Są dzieci, które demolują dom i robią to trzy razy dziennie, przez tydzień. Trzeba wtedy wszystko posprzątać i pozwolić dziecku przeżyć tę potworną frustrację, którą porównać można do delirium u alkoholika czy głodu u narkomana. W końcu zabieramy dziecku coś, do czego się przyzwyczaiło, od czego się uzależniło. Dobrą metodą jest danie czegoś w zamian, czyli danie innej atrakcji, typu uwaga i czas rodzica.

Myślę, że gdy dziecko jest wściekłe, nie ma ochoty oglądać rodzica.

Bywa różnie. Nie da się jednej miarki przyłożyć do wszystkich dzieci. To zależy od tego, co dziecko zebrało w genach, od tego jak długo trwał „trening", od tego, jaka jest matka i relacja z nią, od tego, jaki jest ojciec, od tego, czy dziecko jest jedynakiem, ile ma lat, jakiej jest płci. Składa się na to tysiąc rzeczy. Ale wykonując cięcie, musimy pamiętać, że dziecko powinno być do niego przygotowane, to znaczy nie możemy przeprowadzić operacji bez ostrzeżenia. Tak jak lekarz tłumaczy pacjentowi, jak będzie leczony i musi uzyskać od niego zgodę na zabieg, tak ja rozmawiam z dzieckiem. Mówię mu na przykład, że zabiorę z jego pokoju telewizor, ponieważ oglądanie telewizji po dziesięć godzin dziennie jest dla niego niedobre. Muszę użyć całej swojej inteligencji i wiedzy, aby je przekonać, że mam rację. Rozmawiamy o tym, co się niebawem wydarzy. Rozmawiamy tak długo, aż dziecko zrozumie moje argumenty, aż je przyjmie. Używam różnych metod: biorę na ambicję, stawiam kogoś za przykład, proponuję małe przekupstwo.

Ale dziecko będzie zdziwione. Najpierw matka sama dała mu do ręki pilota, a teraz go odbiera.

Dlatego trzeba swoją decyzję wytłumaczyć. Możemy na przykład powiedzieć: „Przeczytałam w książce, że tak długie siedzenie przed telewizorem nie jest dla dzieci dobre. Proponuję, abyśmy od przyszłego tygodnia ograniczyli oglądanie telewizji. Co o tym sądzisz?".

A dziecko na to: „To jest dla mnie dobre, bo to lubię!".

Trzeba więc zaproponować coś w zamian, na przykład: „Będziemy mieli więcej czasu dla siebie. Będziesz mógł dłużej siedzieć w basenie. Będziemy mogli chodzić na spacery. Będę ci czytała książki". I pytamy: „Zgadzasz się? Dasz radę?". Które dziecko powie, że nie da? Szczególnie chłopiec. Dziecko mówi: „Dobrze, spróbujemy. A jak się nie uda?". „Jak się nie uda, to znowu porozmawiamy. Może coś wymyślimy. A teraz na tydzień wyniesiemy z twojego pokoju telewizor. Zgoda?". Postępujemy tak jak z pacjentem. I oczywiście efekt jest taki...

...że dziecko rozwala cały dom, bo jest wściekłe.

Może być wściekłe, ale może też płakać. Może histeryzować, a może nie zrobić nic. W swojej praktyce miałam różne dzieci – od histerii do praktycznie żadnej reakcji.

Przyszło mi teraz do głowy, że jeśli dziecko jest tyranem, bo przejęło funkcję dorosłego, to tak naprawdę jest z tego powodu nieszczęśliwe, więc gdy zacznie być traktowane odpowiednio do swego wieku, poczuje ulgę.

Że spada z niego obowiązek, który go przerastał. Oczywiście na początku może się zdenerwować, ponieważ nagle coś zostało mu odebrane. Ale zyskuje dzieciństwo. Zyskuję to, że nie musi wszystkiego wiedzieć. Dlatego warto mu powiedzieć: „Zobacz, teraz nie musisz sam decydować o ważnych sprawach". Dziecko może decydować o tym, co chce zjeść, co chce założyć, w co chce się bawić, ale zdejmujemy z niego ciężar odpowiedzialności. Jak przebiegnie ten proces odzwyczajania, zależy od wielu różnych rzeczy. Od rodzica, od dziecka, od tego, czego dotyczy problem i jak przedstawimy jego rozwiązanie. Czasami musimy stoczyć z dzieckiem wojnę albo przynajmniej bitwę. Wygramy ją, pod warunkiem że będziemy bardzo spokojni, że nie damy się ponieść emocjom, że podejdziemy do tego w ten sposób: „Wygram, bo wiem, co jest dla mojego dziecka dobre", a nie: „Wygram, żeby mu zrobić na złość". Robię to, ponieważ chcę być dobrym rodzicem. Zdaję sobie sprawę, że dla wielu rodziców to, że dziecko przez kilka godzin ogląda telewizję, jest wygodne, ponieważ mają ten czas dla siebie, ale na dłuższą metę uzależniają dziecko od telewizora. Włączając telewizor, „wyłączają" dziecko.

I w efekcie kontakt z telewizorem będzie ważniejszy od kontaktu z rodzicami.

Oczywiście. Mówimy o odebraniu telewizora, ale tak będzie ze wszystkim. Zastanówmy się więc, zanim zaczniemy wszystko konsultować z dziećmi i wspólnie podejmować decyzje. Żeby było jasne: jestem zwolenniczką angażowania dzieci w życie rodziny. Powinny być świadome pewnych sytuacji, nawet jeśli mają trzy czy cztery lata. Uważam, że nie ma powodu, dla którego rodzice mają wypruwać sobie żyły po to, żeby dziecko miało absolutnie wszystko. Ale to nie znaczy, że mamy dziecko obciążać tym, że nie mamy pieniędzy na chleb. To nie może być jego problem.

Ale możemy powiedzieć, że nie mamy na zabawkę, którą chciałoby mieć.

Jak najbardziej. Sześcioletnia córka mojej koleżanki chciała mieć klocki lego. Argumentacja koleżanki była następująca: „Kochanie, nie mogę ci kupić tych klocków, ponieważ kosztują tyle, ile wynosi miesięczna pensja pielęgniarki". Powiedziała tak, chociaż sama zarabia świetnie. Trzeba znaleźć odpowiedni argument. Jedne dzieci są mniej empatyczne, inne bardziej, i dla każdego ten argument może być inny. Musimy trochę pogłówkować, trochę się wysilić. W końcu na tym polega wychowywanie dziecka. Chyba że ktoś uważa, że samo będzie rosło, tak jak w dowcipie: „Siedzi ojciec przy komputerze. Wchodzi młody mężczyzna: „Cześć tato!". „Cześć synu! Gdzie byłeś?". „W wojsku". Według mnie bycie rodzicem to najlepsza, najfantastyczniejsza przygoda życia. Mnie kosztowała masę pracy, ale jeśli chce się coś zrobić dobrze, to trzeba nad tym pracować. Nic nie robi się samo. Rzeźbiarz musi najpierw walić dłutem, a potem polerować. Malarz musi najpierw zagruntować płótno, pisarz najpierw zbiera dokumentację, potem bierze się za pisanie. Pracujemy nad każdą rzeczą. Tak samo jest z dzieckiem – samo się nie wychowa. To jest codzienna praca rodziców – fizyczna i intelektualna. Bo przy dziecku trzeba bardzo intensywnie myśleć. A z myśleniem jest najgorzej.

Mówimy o tym, jak dziecko ustawia sobie rodzinę. Wróćmy do momentu, kiedy ten proces się zaczyna. Wraca ze szpitala matka z noworodkiem i co robi? Najpierw odkręca dzwonek u drzwi i nakleja kartkę: „Pukać, bo dziecko śpi". Potem nie słucha radia, bo jest za głośno. Potem nie przyjmuje znajomych, bo rozmawiają i przynoszą zarazki. W międzyczasie chodzi w maseczce, żeby nie zarazić dzidziusia. Mówi szeptem, nie włącza telewizora. Przestaje normalnie żyć. Wszystko kręci się wokół dziecka. I tylko ono jest ważne. A nasze potrzeby schodzą na dalszy plan. W ten właśnie sposób zaczynamy chować małego tyrana. Zgadzam się, że dziecko jest ważne, ale musimy także pamiętać o sobie. Szczęśliwe dziecko to szczęśliwa matka. Nieszczęśliwa matka nie wychowa szczęśliwego dziecka. Takiej opcji nie ma.

Kiedy moja córka była mała i kupowałam czekoladę, dzieliłam ją na trzy części i tłumaczyłam: to jest część taty, to moja, a to twoja. Chciałam jej pokazać, że mam takie samo prawo do przyjemności jak ona.

Ja robiłam tak samo. Tylko moje dzieci zjadały czekoladę natychmiast, a ja odkładałam na później. Potem, kiedy ją jadłam, stały koło mnie, prosząc: „Mamo, daj trochę! Podziel się!". Byłam bardzo konsekwentna: „Każdy z nas dostał taki sam kawałek i mógł zrobić z nim, co chciał. Ja zjadłam pół, a pół zostawiłam. Mogliście zrobić tak samo. A teraz proszę nie żebrać, bo to jest moja czekolada". Niestety rodzice tego nie robią.

Dla mnie czekolada była jednym z elementów „profilaktyki". Chciałam nauczyć córkę, że nie jest pępkiem świata, że nie dostaje się wszystkiego na gwizdek. Dlatego często, chociaż miałam pieniądze, kupowałam zabawkę, którą chciała mieć, na przykład za tydzień, wyjaśniając: „Teraz mamy inne wydatki". Może byłam przeczulona, ale napatrzyłam się w mojej rodzinie na dziecko, wokół którego kręcił się świat i rodziców, i dziadków. Dostawało wszystko, co chciało, na kiwnięcie palcem.

Znowu wrócę do wychowywania psów. Kiedy wracasz ze spaceru z psem, zanim otworzysz drzwi, musisz poczekać, aż pies na ciebie spojrzy. Chodzi o to, żeby zauważył, że to nie on otwiera drzwi spojrzeniem, że robi to jego pan. Kiedy odpinasz mu smycz, również musi na ciebie spojrzeć, aby nie pomyślał, że smycz odpina się sama, kiedy tylko szarpnie. Ma wiedzieć, że robi to właściciel. Tak samo zachowujemy się, podając miskę z jedzeniem. Tu nie chodzi o to, żeby psa upokorzyć. W ten sposób ustawiamy hierarchię. Podobnie postępujemy z dzieckiem. Dziecko musi znać hierarchię, musi wiedzieć, kto ustala zasady, kto ustala normy, że pewne rzeczy można negocjować, a pewnych absolutnie się nie da. Musi wiedzieć, że może ustalać pewne normy i zasady dotyczące jego osoby, ale o pewnych rzeczach po prostu decydują rodzice. Oczywiście im dziecko jest starsze, tym zakres uczestnictwa w życiu rodzinnym jest większy. Do dzisiaj pamiętam, jak moi rodzice przynosili pensje i dzielili pieniądze na konkretne wydatki. Na początku nic z tego nie rozumiałam, ale w pewnym momencie poczułam, że uczestniczę w czymś ważnym. Mogłam powiedzieć, że w tym miesiącu oprócz swetra chciałabym jeszcze dostać buty. Wiadomo, że nie posadzimy do takiej rozmowy trzylatka, ale to nie znaczy, że dziecko w tym wieku nie ma nic do powiedzenia. Jeśli na przykład planujemy pomalować jego pokój, to zapytajmy je, czy bardziej mu się podoba kolor różowy, czy niebieski. A jeśli powie, że czarny, wytłumaczmy, że nie jest to najlepszy pomysł, ale pomalujmy w tym kolorze kawałek ściany, żeby dziecko było zadowolone, że pytając je o zdanie, słuchamy odpowiedzi.

Ostatnio w pokoju chłopca, z którym pracowałam, namalowaliśmy na ścianie ogromnego robota. Rodzice nie chcieli się zgodzić, „Bo ściany są świeżo pomalowane", więc musiałam ich przekonać, że skoro chcą odzwyczaić syna od oglądania telewizji, muszą dać mu coś w zamian. Za telewizor dostał fantastycznego, dwumetrowego robota. Czy to ich coś kosztowało? Nic. Wystarczyło tylko trochę dobrych chęci. Niestety rodzice zapominają lub nie zdają sobie sprawy z tego, że wychowywanie dziecka wymaga zdrowego rozsądku, troski, szacunku, uwagi. Traktowania dziecka jak człowieka. Człowieka, który nie jest ich własnością. Nie możemy zrobić z dzieckiem wszystkiego, na co mamy ochotę, podobnie jak z psem, ponieważ w końcu nas ugryzie.

A dziecko, jeśli nie wyładuje frustracji na dorosłych, wyładuje ją na bracie…

Bardzo często rodzice mnie pytają: „Co mamy zrobić? Nasze dzieci cały czas się biją". Co to znaczy, że dzieci się biją? To znaczy, że muszą między sobą rywalizować. Ta rywalizacja może dotyczyć zainteresowania rodziców, ich miłości, jakiegoś przedmiotu czy miejsca. Uważni rodzice powinni tę rywalizację dostrzec, rozpoznać, co jest jej przyczyną, i problem rozwiązać. Uczulam jednak rodziców, żeby nie interweniowali za każdym razem, kiedy między rodzeństwem dochodzi do sprzeczki. Dzieci muszą nauczyć się swoje sprawy załatwiać między sobą. Proponuję spisać na kartce i powiesić na ścianie zasady obowiązujące w domu. A pierwszą, naczelną zasadą powinien być punkt: „W naszym domu nikt nikogo nie bije".

Zasady mogą na ścianie wisieć, a braciszek i tak tłucze braciszka.

Czasami bije braciszka dlatego, że chce zwrócić na siebie jego uwagę, a nie wie, jak to zrobić inaczej. Czasami bije dlatego, że braciszek ugryzł go w ucho, zabrał zabawkę czy zepsuł wieżę. Dzieci nie biją bez powodu, chociaż może on nie być zrozumiały dla nas, dorosłych, i na pierwszy rzut oka może nie być zbyt czytelny. Kiedy jednak zapytamy dziecko, dlaczego w taki sposób się zachowuje, nie odpowie nam: „Bo tak", tylko poda przyczynę. Jeśli zapytasz: „Dlaczego uderzyłeś brata?", odpowie: „Bo mnie ugryzł. Bo mi zepsuł wieżę z klocków". „A dlaczego uderzyłeś siostrzyczkę?". „Bo jest". A odpowiedź: „Bo jest" to nic innego jak nierozwiązany problem zazdrości o czas, uwagę matki, miejsce na kolanach, pierś czy prezenty.

Opowiadał mi znajomy psychoterapeuta, że trzyletnia dziewczynka nagle zaczęła bić matkę. Na początku nikt się

nie domyślał, jaki jest powód tej agresji. Okazało się, że była świadkiem rozmowy, podczas której matka opowiadała, że chce rozstać się z mężem.

Usłyszała coś, co zburzyło jej poczucie bezpieczeństwa. Takie sytuacje też się zdarzają. Czasem my, dorośli, nie zastanawiamy się nad tym, co mówimy. Jeżeli rozmawiamy ze sobą i klepiemy bez sensu, to wiemy, że druga osoba potrafi wychwycić przenośnię, dowcip. Ale dziecko tego nie umie. Przykład: kobieta pyta dziecko: „Krysiu, chcesz siusiu?". A dziecko odpowiada: „Nie, dziękuję. Mam swoje". Można to potraktować jako dowcip, ale z drugiej strony jest to przykład tego, jak dzieci myślą: „Czy chcesz coś ode mnie dostać?". „Nie, dziękuję. Mam swoje". Albo dziecko słyszy, że babcia zeszła. Myśli, że tak jak zwykle – babcia zeszła do sklepu. A tu się okazuje, że już nigdy więcej jej nie zobaczy. I jest w szoku.
Nie myślimy o tym, że dzieci słyszą absolutnie wszystko. Pół biedy, jeśli rozmawiamy przy nich na tematy, które są dozwolone przy dzieciach, tyle tylko że sposób, w jaki mówimy, nie jest dla dzieci wskazany. Ale często rozmawiamy przy nich o czymś, o czym absolutnie nie powinno się przy dzieciach rozmawiać. Chociażby o czymś takim, jak w przykładzie, który podałaś.

Często też mamusia skarży się dziecku, jakim niezgułą jest jego tatuś. Robi to bezmyślnie, bo chce się przed kimś wygadać.

Bardzo często kobieta traktuje męża jak dziecko – poucza go, wchodzi w rolę jego matki. Mówi mu, co ma zrobić, jak się ubrać. A gdy nie wykonuje jej poleceń, strofuje: „Jak zwykle nie potrafisz podjąć decyzji! Nie umiesz nawet umyć głupiej szklanki! Spójrz, jak ty wyglądasz!". Dla dziecka, które rośnie w takiej rodzinie, ojciec nie może się stać autorytetem. Ale bywa też odwrotnie – to ojciec mówi o matce, że nic nie wie, że na niczym się nie zna. Dziecko, słysząc to, rośnie w przekonaniu, że kobiety nic nie potrafią. Czasami jest też tak, że matka zasłania się ojcem: „Jak przyjdzie tatuś, to powiem mu, coś zmalował! Ojciec cię wychowa! Ojciec ci pokaże, gdzie raki zimują!". Tym samym nie budują swojego autorytetu tylko autorytet ojca. To samo robią ojcowie: „Ja tam nie wiem, matka się na tym zna. Trzeba zapytać matkę".

Musimy pamiętać, że rodzice mają mówić do dzieci jednym głosem. Nieważne, czy nam się to podoba, czy nie. **Nie może być tak, że dziecko rozmawia z nami na jakiś ważny temat i przyznajemy mu rację, po czym przychodzi drugi rodzic i stwierdza: „Przecież gadasz kompletne bzdury!".** Niestety jest to nagminny błąd, który owocuje tym, że dzieci zaczynają rywalizować o uwagę rodziców, co często wiąże się z biciem i krzykiem. A co najgorsze – w takiej rodzinie tak naprawdę nikt nikomu nie ufa. I powstaje domowe piekiełko. Pracowałam z wieloma rodzinami i na palcach jednej ręki mogę policzyć takie, w których relacje opierały się na uczciwości wobec wszystkich jej członków, w których nie było drugiego dna, jakichś podtekstów, nierozwiązanych spraw, żalów między dorosłymi. A konsekwencje ponoszą dzieci.

Przecież rodzice mogą się dogadać co do koncepcji wychowywania dziecka. Umówić, że pewne rzeczy akceptują, a innych nie, że nie podważają przy dziecku swoich decyzji...

Ale do tego potrzebny jest jeden warunek – szacunek do współmałżonka. A z nim niestety jest krucho. To oczywiste, że jeżeli twój mąż powiedział córce, że może pójść do kina, nie będziesz podważać jego autorytetu, chociaż jego decyzją nie jesteś zachwycona. Możesz jednak w cztery oczy powiedzieć mu, dlaczego masz zastrzeżenia, i wspólnie je przedyskutować. A jeśli zmieni zdanie, niech sam zakomunikuje to córce i wytłumaczy dlaczego. Wiem, że ludzie, słysząc takie stwierdzenie, są oburzeni: „Co za głupoty wygaduje ta baba!". U nich na porządku dziennym jest, że ojciec mówi tak, a matka nie. W ten sposób dziecko dostaje dwa rozbieżne komunikaty – jeden brzmi: „Wolno", a drugi: „Nie wolno". I w konsekwencji nie wie, jaki jest jego świat, na czym się opiera, co jest mądre, co głupie, co dobre, a co złe. W ten sposób nie wychowamy człowieka. To tak jakbyśmy mieli w pracy dwóch szefów. Jeden mówi: „Pomaluj tę ścianę na czerwono". Za chwilę przychodzi drugi i mówi: „Pomaluj na zielono". Jak byśmy nie pomalowali – zawsze jeden będzie niezadowolony.

11. MOJE DZIECKO WCHODZI MI NA GŁOWĘ

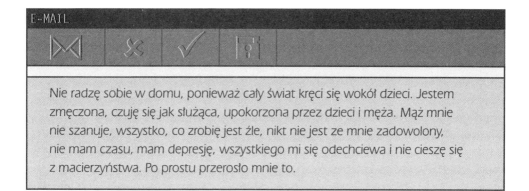

E-MAIL

Nie radzę sobie w domu, ponieważ cały świat kręci się wokół dzieci. Jestem zmęczona, czuję się jak służąca, upokorzona przez dzieci i męża. Mąż mnie nie szanuje, wszystko, co zrobię jest źle, nikt nie jest ze mnie zadowolony, nie mam czasu, mam depresję, wszystkiego mi się odechciewa i nie cieszę się z macierzyństwa. Po prostu przerosło mnie to.

Ta kobieta po pierwsze zapomniała o swojej tożsamości, o tym, że jest kobietą, a po drugie nie dopuszcza myśli, że każdy człowiek ma swój autonomiczny obszar, potrzebę bycia suwerennym, i to, na ile nas do siebie dopuści, zależy tak naprawdę od niego. Ten obszar można porównać do otaczającej nas wielkiej kuli. I w domu jest tyle kul, ile mieszkających w nim osób. Te kule oczywiście mogą na siebie raz mocniej, raz słabiej zachodzić, ale nie może być tak (ze względu na zdrowie psychiczne członków rodziny), że jedna kula jest całkowicie zamknięta w drugiej. Niestety kobiety bardzo często myślą, że ich kula jest największa, a w niej mieszczą się i mąż, i dzieci. A to oznacza, że w tej rodzinie nikt, włącznie z nią, nie posiada własnej przestrzeni. Tak żyć się nie da. Każdy potrzebuje odskoczni. Kiedy rozmawiam z takimi matkami, pytam: „Czy wychodzisz z domu w ciągu dnia?

Czy twój partner zajmuje się dziećmi, żebyś mogła przejść się po sklepach, nie w celu zrobienia zakupów spożywczych, lecz dla przyjemności?". Patrzą na mnie, jakbym mówiła w jakimś niezrozumiałym języku: „O co ci chodzi?". „Chodzi mi o to, żebyś zrobiła coś dla siebie, żebyś na przykład spotkała się z przyjaciółką". „Ale po co? Mnie jest dobrze w domu". Z jednej strony tak deklarują, a z drugiej – są zmęczone, zaniedbane, tyją, nie myją włosów, nie robią makijażu. A nawet jeżeli dbają o siebie, to tylko o zewnętrzność, nie dbają natomiast o psychikę. Nie czytają, nie rozmawiają, nie myślą. Mają poczucie, że wszystko się przeciw nim sprzysięgło – dzieci, facet, teściowa, matka.

Nie wierzę, że nie mają potrzeby odpocząć od dziecka!

Im do pewnego czasu (drugiego, trzeciego roku życia dziecka) wydaje się, że ogarniają wszystko. Zasuwają jak małe motorki, bo nie dość że muszą posprzątać, zrobić zakupy, ugotować, pozmywać, uprać, uprasować, odprowadzić, przyprowadzić, porozmawiać, wysłuchać, pobawić się, to muszą wszystko zrobić na piątkę. A jeżeli którąkolwiek z tych rzeczy zrobią na czwórkę – są głęboko nieszczęśliwe.

Ale czy nie czują, że nie mogą już na to dziecko patrzeć?

Mniej więcej do trzeciego roku życia jeszcze jakoś sobie radzą. Mają jedno dziecko, mąż jest w pracy, więc jakoś to ogarniają. Ale czują się coraz bardziej zmęczone i kiedy dzieciak po raz pierwszy mówi: „Nie chcę, ja sam", pękają i nie wiedzą, jak sobie z tym poradzić.

Kompletnie tego nie rozumiem. Ja nie czułam niechęci do dziecka po trzecim roku życia, tylko o wiele wcześniej. Kiedy

z dwuletnią córką pojechałam na dwa miesiące w góry, byłam potwornie umordowana tym ciągłym prowadzaniem za rączkę. Pamiętam, jaka byłam szczęśliwa, kiedy jednego dnia zaopiekowała się nią pewna dziewczyna, a ja mogłam pójść do sklepu sama! Szłam jak żółw, żeby jak najdłużej delektować się tą chwilą swobody. Pomyślałam: „Jak niewiele potrzeba człowiekowi do szczęścia! Odrobina samotności!". Dlatego trudno mi uwierzyć, że są matki, które nie mają potrzeby, by pobyć same ze sobą.

A co wtedy będą robić?

Będą patrzeć na niebo, trawę, na przechodzących ludzi.

Im natychmiast kołacze się w głowie: „Jestem wyrodną matką". Wszystkim kobietom, z którymi pracuję, tłumaczę, że macierzyństwo ma być największą, najcudowniejszą przygodą życia, a nie sytuacją, gdy ktoś w głowie wydaje polecenia: „Raz, raz". A one tymi wiosłami w pocie czoła zasuwają w tę i z powrotem. Tak wygląda życie masy kobiet w tym kraju, bo ktoś nam wmówił, że tak trzeba. Tak robiły nasze mamusie, ciotki, babcie, i my też tak robimy. Jeśli kobieta próbuje się z tego wyrwać i mówi do męża: „Dwa dni w tygodniu zajmujesz się dzieckiem, a ja mam kino, fitness, zakupy", słyszy: „Co za wyrodna matka!". Ona nie jest wyrodną matką! To jest niezbędne dla jej zdrowia psychicznego! Jest jej potrzebne, żeby była normalna, żeby mogła zatęsknić za dzieckiem, za facetem, za domem. Ale kobiety tego nie robią. Są więźniami swoich czterech ścian. Kiedyś spytałam matkę trojaczków: „Kiedy byłaś gdzieś sama z mężem?". „Gdy się zaręczyliśmy". Byli dwanaście lat po ślubie! „A kiedy ostatnio wyszłaś sama z domu?". „A co mam zrobić

z dziećmi?". „Jak to co? Przychodzi tu niania i twoja matka. Jesteście we trzy, więc spokojnie możesz na godzinę wyjść". „Ale co ja wtedy będę robić?". Zaaranżowałam jej dzień, ale okazało się, że cały czas wisiała na telefonie, ponieważ uważała, że dzieci bez niej zginą, ktoś je porwie albo zawali im się sufit na głowę. Samodzielne wyjście z domu ją przerastało.

Za każdym razem gdy pracuję z kobietami, pytam, czy lubią gotować, prasować, sprzątać. Bardzo wiele z nich mówi, że nienawidzi wszystkiego, co musi robić. Pytam dalej: „To może lubisz chodzić z dzieckiem na spacer?". Też nie lubi. „To co lubisz?". „Kiedy ono śpi, kiedy nic ode mnie nie chce". Ta kobieta osiągnęła już taki poziom zmęczenia, że nie jest nawet w stanie wymyślić czegoś, co mogłaby robić, gdy jej dziecko śpi. Najczęściej śpi razem z nim.

Nic dziwnego, skoro nie ma czasu na odpoczynek!

Oczywiście. Ona jest niewyspana, bo w nocy dziecko budzi się pięćdziesiąt pięć razy. Mój mąż kiedyś bardzo trafnie powiedział: „Facet śpi od ściany". To kobiety wstają do dzieci, ponieważ mężczyzna idzie do pracy, więc musi być wyspany. To spanie od ściany jest przenośnią obrazującą wszystko, co dzieje się w domu. Facet wraca z pracy, ona biegnie, stawia mu obiad. Dziecko zaczyna rozrabiać, a on: „Ty się zajmujesz dziećmi. Ucisz go!". Przychodzi matka, teściowa, a ona musi pokazać, że jest najlepsza we wszystkim. Niewolnica ściery i mopa. To dramat. Wspomniałam już o mamie, która na pytanie, jaki powinien być trzylatek, odpowiedziała: „Czysty".

Koleżanka, która dowiedziała się, że piszę z tobą książkę, powiedziała: „Niech ta superniania się nie mądrzy. Przecież

kobiety nie narzucają sobie obowiązków, tylko faceci przychodzą do domu i wszystko mają w nosie!".

Nie jestem w Partii Kobiet, nie solidaryzuję się z feministkami. Uważam, że same sobie gotujemy ten los, bo nie jest tak, że sto procent facetów nie interesuje się swoimi dziećmi, nie chce się nimi zajmować. To my im wmawiamy, że tego nie potrafią, że sobie nie poradzą tak dobrze jak my, że nie nakarmią tak dobrze, nie ugotują: „Nie patrz, bo zauroczysz. Nie podnoś, bo upuścisz. Nie kąp, bo utopisz. Nie wychodź na spacer, bo zgubisz". I mówimy facetowi, żeby zajął się swoimi sprawami, ponieważ od samego początku musimy udowodnić, że świetnie weszłyśmy w rolę matki i świetnie się w tej roli spisujemy. Dlatego wszystko robimy same. I ten odsunięty na bok partner zaczyna się bać, że nie umie dziecka podnieść, przewinąć, i oddala się coraz bardziej. Potem ucieka w pracę (ma alibi). Woli pojechać do mamusi, do warsztatu samochodowego. A kobieta, gdy dziecko ma trzy lata, gdy już jest zmęczona, ma do niego pretensje, że nic nie zrobił. On chciał. Naprawdę. Kiedy rozmawiam z ojcami, dziewięćdziesiąt dziewięć procent z nich mówi: „Uwierz mi. Ja chciałem". I widzę to, bo gdy pracuję z rodzinami i pytam: „Kto kładzie dziecko spać?", zawsze wyrywa się facet: „Ja!". Na co oburzona kobieta: „Przecież ty nie umiesz!". „A ile razy cię o to prosiłem?". „Ale dziecko będzie przy tobie płakać".

Przecież mogli się żonie przeciwstawić.

Próbowali. Bez skutku. A teraz, ponieważ jestem po ich stronie, czują się silniejsi. Kobiecie mówię: „Ty sobie siadaj z gazetką, a ja nauczę tatusia, jak się dziecko kładzie spać". Albo mówię: „Jedź

do pracy. Tata zostanie z dzieckiem". Nie dość że został, to jeszcze upiekł ciasto i sprzątnął kuchnię. I z dumy urósł o dziesięć centymetrów. Na trzydziestu facetów miałam dwóch niechętnych, których musiałam zmuszać, a generalnie oni marzą, by zajmować się dziećmi, i proszą mnie, abym przekonała ich żony, by im na to pozwalały. Matki nie zostawiają dziecka z ojcem, ponieważ boją się, że „on dobrze nie zadba". One w ogóle nie wierzą w swoich facetów. Pytam: „Skoro mówisz o swoim facecie, że jest pierdołą, to dlaczego wybrałaś go sobie na życie? Co cię w nim zauroczyło? Tylko seks?". Na co ona: „Bo on był zupełnie inny". „To co się z nim stało? A może to ty zrobiłaś z niego pierdołę?". Staram się wylać im kubeł zimnej wody na głowę, i w niektórych przypadkach to pomaga.

Mądra kobieta nie ma zmienić partnera, tylko wydobyć z niego to, co w nim najlepsze. Przecież ten człowiek, z którym postanowiłyśmy spędzić życie, z jakiegoś powodu nas zauroczył. To nie była kwestia tego, że miał elegancki garnitur czy drogi zegarek. Coś nas w nim ujęło. Przecież nie rzucamy się na każdego ładnego faceta i z okrzykiem „Zaludniać!" nie robimy sobie dziecka. Oczywiście fizyczność też się liczy, ale chciałabym mieć nadzieję, że nie jest podstawą. Dajmy się temu facetowi wykazać również po ślubie, nie tylko przed.

Napsioczyłaś już na te kobiety, napsioczyłaś, a czy możesz dać jakąś praktyczną wskazówkę, jak sobie pomóc? Oprócz intelektualnej pracy nad sobą i nad swoimi przywiązaniami.

Ważny jest plan działania. Rozkład dnia. Kiedy rozmawiam z matkami, pytam: „Jaki masz plan dnia, plan działania?". I widzę zdziwienie: „Jakoś wszystko tak samo się toczy". „Właśnie dlatego nie masz na nic czasu. Przecież gdy idziesz do pracy, masz zakres obowiązków. Wiesz, do której godziny powinnaś coś zrobić, o której masz przerwę na obiad, co musisz wykonać dzisiaj, a co jutro czy pojutrze. Dlaczego w takim razie nie pracujesz tak w domu? Biegasz jak kot z pęcherzem, tu coś złapiesz, tam złapiesz. W końcu nie wiesz, czy twoje dziecko już jadło obiad, czy jeszcze nie. Dlaczego nie przygotujesz planu dnia? Może się wtedy okazać, że masz dwie godziny luzu". Najczęściej z ust matek pada zarzut, że chciałabym, aby wszystko funkcjonowało jak w zegarku, a tak się nie da. A mnie nie chodzi o to, by w domu panował reżim, tylko o nauczenie się, jak kontrolować własne życie. Często nie radzą sobie z tym matki, które mają jedno dziecko. A okazuje się, że można, czego dowodem są kobiety wielodzietne. Oczywiście ta umiejętność organizacji przychodzi z drugim i trzecim dzieckiem. Już przy drugim pojawia się większy spokój, bo wiadomo, że za drzwiami nic go nie zabije.

I znowu wrócę do myśli przewodniej: że w większości przypadków same zaprzęgamy się w ten kierat. Kiedy rozmawiam z partnerami kobiet, z którymi pracuję, stwierdzają, że naprawdę nic się nie stanie, jeżeli po powrocie do domu sami sobie przygotują coś do zjedzenia. Oni tego od swoich kobiet nie oczekują i nie wiedzą, skąd takie myślenie się bierze. Podejrzewają, że tak zostały nauczone przez matki. I chociaż facet mówi, że sam sobie poradzi, kobieta ma poczucie winy, że nie zadbała o niego w należyty sposób. On jej tłumaczy, że da radę, a ona: „Tylko tak mówisz, a na pewno jesteś na mnie zły!". Same sobie dokładamy obowiązków, stwarzamy problemy. Wypruwamy żyły, bo wydaje nam się, że nasze dzieci muszą mieć wszystko. I kompletnie zapominamy o sobie. Moi chłopcy byli nauczeni, że gdy tylko stanę w drzwiach po powrocie z pracy, jeden zaczyna podgrzewać obiad, a drugi robić herbatę. Bo ja wracałam zmęczona. Miałam do tego prawo. Mówiłam: „Teraz muszę się na chwilę położyć, a jak odpocznę, to się z wami pobawię". I chłopcy to respektowali.

Wiem, że to, co mówię, może być potraktowane jako wymądrzanie się pani psycholog, ale ja do wielu rzeczy dochodziłam sama. Nie jestem typem zimnej matki, lecz matki nadopiekuńczej, i wcale się tego nie wstydzę. Ja byłam najszczęśliwsza, mogąc zajmować się dziećmi. Trochę pomagała mi mama, ale nie przychodziła codziennie, tylko raz w tygodniu, i zostawała ze starszym synem, żebym mogła wyjść na spacer.

Uwielbiałam spędzać z nim czas, ale nie zapomniałam o tym, że mam własne marzenia, aspiracje, że nie jestem tylko matką, która nie może robić nic innego jak tylko zajmować się dzieckiem. Potrafiłam zorganizować sobie dzień. I bardzo szybko doszłam do wniosku, że naprawdę nic się nie stanie, jeśli nie będę prasowała dziecku śpioszków i jeśli poleży koło mnie przez sześć godzin na trawie, a ja w tym czasie poczytam sobie książkę.

Porozmawiajmy o jedynakach. Wiadomo, że to przede wszystkim oni wchodzą matkom na głowę.

Wiadomo, że relacja jedynaka z rodzicami, rówieśnikami, z grupą społeczną jest zdecydowanie inna niż relacja dziecka z rodziny wielodzietnej. Ta relacja zależy tylko od wychowania, bo nie ma nic takiego jak geny jedynactwa. Można powiedzieć, że bardzo często są to dzieci w dwójnasób skrzywdzone i w dwójnasób wyposażone, dlatego że to, co często powtarza się w relacjach jedynaków, to smutek i samotność w trudnych momentach życia. Gdy masz rodzeństwo, możesz sprawić mu łomot i wyładować się, możesz się pobawić.

Natomiast jedynak musi radzić sobie sam, często wchodząc w relację z mamusią bądź tatusiem, która na ogół jest relacją toksyczną. Jedynacy jako dzieci nie musieli o nic rywalizować, byli najważniejsi, i jako dorośli też tak o sobie myślą. Nie mają empatii, w związku z tym bardzo dobrze sprawdzają się na stanowiskach przywódczych. Dla nich powiedzenie: „Pani już dziękujemy!" jest mniejszym problemem niż dla kogoś, kto wychowywał się w licznej rodzinie i wie, co oznacza wyrzucenie z grupy. Im to nie groziło.

A nie można wychować jedynaka tak, żeby miał empatię?

Można, bo każde dziecko ją ma. Ważne, co zrobią z tym rodzice. A niestety doświadczenia wykazują, że jedynacy są dużo bardziej egoistyczni niż dzieci wychowywane w rodzinach, w których jest ich przynajmniej dwoje. Prawda jest taka, że jedynacy rzadziej chodzą do przedszkola, ponieważ łatwiej znajdziesz babcię czy ciocię do opieki nad jednym dzieckiem niż dwójką lub trójką. Ich kontakt z rówieśnikami zaczyna się tak naprawdę dopiero w szkole.

Na co w takim razie trzeba uczulić matki jedynaków?

Na to, że chociaż jedynak jest w domu sam, w świecie sam nie będzie. I musi tak jak inne dzieci nauczyć się współdziałania, rywalizacji, dzielenia się, troski o inną osobę. O jedynaka wszyscy się troszczą, wszystko jest dla niego. Przychodzi ciocia Zosia i przynosi czekoladę, i jedynak wie, że jest dla niego. Jeżeli chcemy dobrze go wychować, to podzielmy czekoladę na trzy części: dla dziecka, dla mamy i dla taty, albo na dwie – dla dziecka i dla rodziców. Nie musimy wymagać od jedynaka, aby dzielił się z dziećmi zabawkami, ale możemy nauczyć go, że zabawek, z których wyrósł, nie wyrzucamy na śmieci, tylko oddajemy innym dzieciom. Robimy wszystko, żeby dziecko się socjalizowało. Żeby przychodzili rówieśnicy i żeby ono do nich wychodziło, żeby się nauczyło, jak sobie radzić w grupie rówieśniczej. Rodzice jedynaków mają tendencję do załatwiania wszystkiego za nich, na przykład ktoś pyta dziecko, jak ma na imię, ile ma lat, a odpowiada rodzic. Zdarza się to dużo częściej matkom jedynaków niż tym, które mają trójkę dzieci, One nie odpowiadają, że ten ma na imię Piotruś, a tamten Czaruś, tylko wołają ich, żeby sami się przedstawili.

Można powiedzieć, że jedynacy rodzą się w specyficznych rodzinach. Rodzina, która decyduje się tylko na jedno dziecko, jest na wejściu inaczej uwarunkowana niż ta, która decyduje się na dwójkę lub piątkę. Jest też trochę jedynaków „przypadkowych", kiedy rodzice chcieli mieć następne dziecko, ale się nie udało albo matka rozstała się z ojcem, ma drugiego partnera, który nie może albo nie chce mieć dzieci. Albo wychowuje dziecko samotnie. I tu często zaczyna się horror, o którym już wspominałam. Jedynak po prostu siedzi jej na głowie przez cały czas. Mało tego: takie matki mają tendencję (szczególnie matki chłopców) do tego, żeby w jedynakach widzieć mężczyzn swojego życia. I ci mali dwu-, trzy-, pięciolatkowie muszą dźwigać na swoich maleńkich ramionkach odpowiedzialność za te kobiety. Idą na zakupy i mama pyta: „Powiedz mi synku, czy ta bluzeczka jest ładna? Mam ją kupić czy nie?". I trzylatek decyduje, czy mama ma sobie kupić bluzeczkę albo co ma ugotować na obiad. Tym matkom wydaje się, że syn jest ich opiekunem, że rozwiąże ich problemy. Zrzucają na niego odpowiedzialność, opowiadają o swoich sprawach, lękach, a przecież trzyletnie dziecko tego nie rozumie. To naprawdę nie jest ciężar na jego barki.

Ale na matkach też spoczywa ogromny ciężar. Zauważ, jakie są wobec nich społeczne oczekiwania. Więc nie ma się co dziwić, że popełniają błędy.

Tu się z tobą zgadzam. Faktycznie w naszym kraju oczekiwania wobec matki są niewspółmiernie wielkie do jej możliwości. U nas matka przestaje być kobietą. Nie ma praw, tylko same obowiązki. Ona zawsze musi. W związku z tym nie ma w sobie luzu wynikającego z tego, że może czegoś nie zrobić, że może się źle czuć, że może mieć zły dzień. Dlaczego kobieta, kiedy nie jest matką, może mieć napięcie przedmiesiączkowe i mężczyzna to rozumie, ale gdy nią zostaje, natychmiast to prawo traci? Nie ma jej prawa boleć głowa, nie może mieć dołka, depresji. Nawet depresja poporodowa przez wielu mężczyzn uważana jest za rozczulanie się nad sobą.

Uważają, że kobieta ma się zajmować dzieckiem. Od wieków świat jest tak zorganizowany, że mężczyzna zarabia na dom, a kobieta o niego dba!

Czasy się zdecydowanie zmieniły. I powinni być tego świadomi zarówno mężczyźni, jak i kobiety. Dziecko powstaje przy obopólnym udziale i w związku z tym powinniśmy je również wspólnie wychowywać. Niestety tak nie jest. I tu będę się upierać – najczęściej z winy kobiet. To my, kiedy rodzi się dziecko, odsuwamy swoich facetów na boczny tor, bo uważamy, że są już niepotrzebni. I tworzymy zaklęty kobiecy krąg – matek, ciotek, kuzynek, przyjaciółek.

A do czego potrzebny jest dziecku ojciec?

Do tego samego, do czego jest mu potrzebna matka. Jedyna rzecz, której nie umie robić mężczyzna, to karmić piersią, ale butelką już nakarmić potrafi. Mężczyzna ma tak jak kobieta dwie ręce, mózg, oczy i uszy, i może robić dokładnie to samo. W związku z tym powinien częściowo przejąć obowiązki. W Hiszpanii podczas ślubu mężczyzna podpisuje w urzędzie papier, że będzie kobietę wspierał we wszystkich pracach domowych, w opiekowaniu się dziećmi i jej rodzicami. Pół na pół. Oczywiście czasami trudno to wyegzekwować, ale kobieta ma prawo udać się do sądu czy do mediatora z zażaleniem, że mąż jej nie wspiera.

U nas niestety dominuje syndrom Zosi-samosi – sama zrobię najlepiej. A skoro sobie poradzę, to właściwie, po co mi mąż? Mogę wychować dziecko sama!

Pewna aktorka, gdy urodził się jej syn, we wszystkich mediach opowiadała, że jest dla niego i matką, i ojcem. To głupota. Tak się nie da. Ta pani, choćby nie wiem jak była męska, nie przekaże synowi wzorca męskości, ponieważ jest kobietą. Myśli inaczej, kojarzy inaczej, reaguje inaczej. Kobieta reaguje emocjonalnie, a mężczyzna zadaniowo. I tego musi nauczyć syna. Musi nauczyć odwagi. Nie znam albo na palcach jednej ręki mogę policzyć matki, które wykazują się odwagą podobną do męskiej, czyli brawurą na granicy ryzyka (ale one z reguły dzieci nie mają). Tylko facet pójdzie z synem w góry, będzie z nim nurkował, latał na paralotni. Kobiety za tego typu rzeczami nie przepadają. Poza tym tylko mężczyzna może nauczyć syna szacunku do matki, szacunku do innej kobiety. Oczywiście może nauczyć i dobrych, i złych rzeczy, czyli jeśli sam nie szanuje partnerki, nie może oczekiwać, że jego syn będzie szanować matkę. Jest takie powiedzenie: jeśli chcesz wiedzieć, jak będzie wyglądało życie z twoją narzeczoną, to poznaj jej matkę, ponieważ kobiety się do swoich matek upodabniają. To działa również w drugą stronę – jeżeli kobieta chce wiedzieć, z jakim facetem się zadaje, niech przyjrzy się, jak traktuje matkę, bowiem ją będzie traktował tak samo.

A co ojciec może dać córce?

Tylko facet jest w stanie dać córce, która po raz pierwszy założy sukienkę i stanie jako taka mała kobietka, tę miłość we wzroku i męski zachwyt. Tylko on, patrząc na córkę, może powiedzieć: „Jesteś przepiękna!". Tego wzroku szuka potem każda kobieta u kolejnych partnerów. I żadne spojrzenie najlepszej matki nie jest w stanie jego zastąpić.

Wiem, że zaraz naskoczą na mnie samotne matki i powiedzą, że one też wychowały cudowne dzieci. Być może ich dzieci takie są, ale osiągnęły to kosztem większego wysiłku. Być może udało im się stworzyć w następnych pokoleniach fajne domy, ale nigdy nie będzie miał wzorca ojca ktoś, kto się z ojcem nie wychowywał.

On może myśleć, jakim chciałby być ojcem, czasami fantastycznie mu się to udaje, tylko na pytanie, dlaczego tak robi, nie będzie się miał do czego odwołać. Z jednej strony to dobre, a z drugiej – złe. Prawda zawsze leży pośrodku. Dziecko powinno mieć obydwoje rodziców. Bo od każdego z nich coś dostaje. Każde z nich nadmuchuje dziecku balon na swój sposób: jedno na przykład przekazuje brak poczucia własnej wartości (bo sam taki jest), a drugi – pewność siebie. Bez dopełnienia dziecko zawsze będzie niepełne. Te puzzle muszą się złożyć.

Takie jest moje zdanie, chociaż podziwiam kobiety, które z różnych powodów próbują samodzielnie dźwigać ciężar wychowania. Wiem, jak jest im ciężko uzyskać autorytet, rozmawiać z dorastającymi dziećmi, kiedy nie mają wsparcia w drugiej osobie. Oczywiście ktoś zada pytanie: czy osobą wspierającą nie może być osoba tej samej płci? Może, ale siła dwóch kobiet i tak nie przekaże siły męskich wzorców, czyli mamy ten sam problem – nie ma różnicy, czy wychowują dziecko dwie kobiety, czy jedna.

Poza tym dziecko, obserwując rodziców, uczy się, jak funkcjonować w związku.

Masz rację. Tylko mężczyzna może nauczyć szacunku dla kobiety. Tylko kobieta może pokazać, jak powinno wyglądać partnerstwo z mężczyzną. Jeśli chłopiec wyrasta w domu, w którym kobieta jest traktowana jak służąca, tak samo będzie traktował partnerkę. I nie dlatego, że jest złym czy głupim człowiekiem, tylko dlatego, że nie zna innego wzorca. Nie wie, że może być inaczej. Dla niego dziwactwem jest, żeby kobieta mówiła, czego chce i miała jakieś prawa.

Ideałem jest oczywiście pełna rodzina. Ale nie musi to być związek partnerski. Jeśli w tradycyjnym związku, czyli takim, w którym rządzi mężczyzna, a kobieta jest podporządkowana, obydwoje małżonkowie są szczęśliwi – nie mnie się wtrącać. Mam tylko jedną prośbę: niech pokazują swojemu dziecku, że można też żyć inaczej.

12. MOJE DZIECKO MA NOWEGO TATĘ

Przez kilka lat byłam samotną matką, miałam wielu partnerów, moje dziecko żadnego nie akceptowało, więc nie zdecydowałam się z nikim związać. Rok temu poznałam Piotra, mój syn go zaakceptował, pobraliśmy się, urodziło nam się dziecko. Piotr traktował mojego synka jak swojego, była świetna więź, w tej chwili urodziłam dziecko i jest problem, bo mój syn nie akceptuje swojego rodzeństwa i mój mąż przestał akceptować mojego syna i traktuje go inaczej niż swojego. Co robić, supernianiu, ratuj!

Czytałam wyniki badań dotyczące małżeństw nastolatków (które najczęściej zawierane są z powodu ciąży) i okazuje się, że rozpadają się one pięć razy częściej niż małżeństwa ludzi po dwudziestym piątym roku życia. W związku z tym musimy założyć, że dwudziestoletnia mama z kilkuletnim dzieckiem nie jest skazana na samotność do końca życia, tylko za chwilę będzie miała nowego partnera, z którym będzie miała następne dziecko. To sytuacja bardzo częsta i bardzo trudna. Takie rekonstruowanie rodziny, zresztą jak każda rekonstrukcja (obrazu, budynku, rzeźby), jest piekielnie ciężkie, trudniejsze niż budowanie od początku. I tutaj dwoje ludzi musi się wykazać dojrzałością, a kobieta gotowością do dopuszczenia partnera do emocji związanych z jej dzieckiem. Ta sytuacja to tak naprawdę przyjęcie nowej osoby, czyli mężczyzny, do gotowej rodziny. Oczywiście można negocjować zmiany dotyczące wszystkich jej członków, ale pewne rzeczy ze względu na dziecko zmienić się nie mogą. Jemu nagle wywraca się świat – pojawia się nowy facet, który częściowo zabiera mu matkę, który zaczyna rządzić, i dlatego trzeba dziecku zostawić coś, co da mu poczucie bezpieczeństwa. A matki kompletnie nie zwracają na to uwagi. Jeżeli jesteśmy w takiej sytuacji, zostawmy dziecku jego pokój. Jeśli nie przenosimy się do innego miasta – zostawmy mu szkołę, a jeżeli przeprowadzamy się do partnera, to urządźmy mu pokój tak samo jak wcześniej – te same meble, zasłonki, kolor ścian. Dziecku trzeba dać kotwicę emocjonalną, nie można wywracać wszystkiego do góry nogami. Z taką diametralnie nową sytuacją czasami nie radzi sobie dorosły, a co dopiero dziecko, które jeszcze nie ma mechanizmów obronnych i jest kompletnie bezradne. Zostawmy też pewne zasady, które obowiązywały w tej rodzinie, zanim dołączył do niej nowy członek. Jeżeli dziecku wolno było robić pewne rzeczy, nie może być tak, że wkracza do domu pan i władca i kategorycznie mówi: „Nie!". W świecie dziecka naprawdę zmienia się bardzo, bardzo dużo.

A jeżeli nowy partner uświadamia mi, że moje zasady wychowawcze są złe, to może powinnam je zmienić?

Co to znaczy złe?

Na przykład ubieram czteroletnie dziecko albo przez cały czas siedzę przy nim w piaskownicy. A facet mówi: „Kochanie, daj mu trochę więcej swobody".

Budujemy nową rodzinę i wspólnie musimy ustalić sposób wychowania dziecka. Niestety kobiety bardzo często tego nie robią. Stwierdzają: „Możesz wkroczyć w moje życie, ale nie w życie mojego dziecka. Robię co chcę, bo to jest moje dziecko, a ty się nie wtrącaj!". Kobieta zawsze powinna partnera wysłuchać i jeśli ma rację, przystać na nowe zasady. Proponowałabym tylko robić to bardzo delikatnie, by dziecku nie skojarzyły się one z nową osobą w domu. Musimy pamiętać, że to, co uważamy za lepsze, dziecku wydaje się zdecydowanie gorsze – bo do tej pory wszystko robiła za niego mamusia, a teraz ma robić sam! Więc pretensje i negatywne emocje skieruje w stronę sprawcy tego zła, czyli naszego partnera. Wszelkie zmiany trzeba wprowadzać bardzo mądrze. Rozłożyć w czasie, wymyślić sztuczkę, dzięki której dziecko będzie tych zmian chciało, bo dojdzie do wniosku, że będzie bardziej samodzielne, będzie mogło robić rzeczy, na które do tej pory matka nie wyrażała zgody. Absolutnie nie może być tak, że matka mówi: „To jest Piotr, który będzie z nami mieszkał. W związku z tym od dziś będziesz spał sam". Dziecko nie może odczuć, że ten obcy mężczyzna jest zagrożeniem. Mamusia spała z pięcioletnim dzieckiem, teraz poznała pana i chciałaby spać z nim, w związku z czym wyprowadza dziecko z łóżka, stwierdzając, że teraz będzie tu spał jego nowy tatuś. Powodem wyprowadzki nie ma być tatuś, który będzie spać z mamą, tylko fakt, że w tym wieku dzieci już z mamusią nie śpią. Tak więc najpierw wyprowadzamy dziecko, a tatuś w tym czasie śpi na kanapie.

Problem z łóżkiem pojawia się również wtedy, gdy rodzi się nowe dziecko. Wtedy na przykład zabieramy łóżeczko trzylatkowi i dajemy niemowlakowi. I chociaż starszemu kupujemy nowe, ono nie uważa, że dostaje je dlatego, że jest dużym, odpowiedzialnym chłopcem, tylko dlatego, że przyszedł jakiś gówniarz i zajął jego miejsce. Dlatego najpierw kupujemy łóżko, tłumacząc: „Masz nowe, bo jesteś fajnym, dużym chłopcem, a w twoim starym będzie spać dzidziuś, który się urodzi, bo to łóżeczko dla maluchów", a nie: „Oddaj swoje łóżko, bo urodzi ci się braciszek, a tobie coś tam kupimy". Nie tędy droga. My możemy nie widzieć różnicy, ale dla dziecka jest to niezwykle ważne.

Może być też tak, że kobieta ma dziecko i jej nowy partner również. Zlepienie z tego całości jest chyba jeszcze trudniejsze.

Wszyscy byśmy chcieli, żeby te dzieci się kochały, a wcale tak być nie musi. To tak jak z nami – spotykamy kogoś i albo lubimy, albo nie. Jako dorośli powinniśmy wspólnie zrobić wszystko, aby nasze dzieci, jeśli nie mogą się polubić, to przynajmniej żeby się tolerowały.

A może lepiej najpierw sprawdzić, czy dzieci się polubią, a dopiero później wiązać się z facetem?

Niestety tak się nie da, ponieważ popęd seksualny i potrzeba bycia z drugą osobą powodują, że czasami nie widzimy wielu rzeczy. Znam przypadki, gdy matka była tak zaślepiona miłością do nowego faceta, że kompletnie zapomniała o dziecku. I odstawiła je na boczny tor – do babci, do dziadka, do cioci. Rozumiem, że każdy z nas dąży do szczęścia, ale dziecko jest naszą integralną częścią.

I pewnie dlatego, w myśl powiedzenia „bliższa koszula ciału", każde z rodziców w nowym związku faworyzuje swoje dziecko. Poza tym ze swoim dzieckiem jest się już dwa lata.

Dziecko faceta zna się krótko. A jeśli na dodatek jest rozka-pryszone…

Niekoniecznie. Ten okres zalotów damsko-męskich przenosi się również niżej, czyli na dzieci. Na początku kobieta kocha dziecko faceta bardziej niż swoje – żeby się wkraść w jego łaski. On robi dokładnie to samo. Nasze dziecko ma być grzeczne i siedzieć cicho, a temu drugiemu pozwalamy na wszystko, bo jest „takie cudowne, fantastyczne, mądre, śliczne!". Oczywiście potem, gdy nastąpi otrzeźwienie, może się okazać, że takie nie jest. Tylko wtedy bardzo często jest już za późno.

Zbudowanie nowej rodziny jest chyba jedną z najtrudniejszych rzeczy. Trzeba wielkiej odpowiedzialności i wiedzy na temat drugiego człowieka. Pracowałam z rodziną, w której był podział na: twoje dziecko, moje, nasze. Kobieta miała syna z poprzedniego związku, mężczyzna – córkę, a oprócz nich mieli jeszcze jedno, wspólne dziecko. Mężczyzna miał jeszcze jedną córkę, która została z jego byłą żoną. On bardzo kochał to wspólne dziecko, ale równocześnie bardzo się starał, aby córka, która została z matką, nie czuła się przez niego odrzucona. Natomiast chłopca, który nie był jego, do którego nie miał prawie żadnego dostępu, kompletnie ignorował. Z kolei jego żona bardzo rozpieszczała wspólne dziecko, dbała o swojego syna, natomiast nie potrafiła nawiązać żadnej relacji z córką męża. Ci ludzie bardzo chcieli, ale nie potrafili się ze sobą dogadać. Jeśli im się to w jakiś sposób udało, to tylko na poziomie ojciec–matka. Otwierałam im oczy na wiele rzeczy. Na przykład dziewczynka, która mówiła do tej kobiety ciociu, czuła się pokrzywdzona, ponieważ musiała ustępować zarówno starszemu od niej chłopcu, jak i młodszemu dziecku (również dziewczynce). Niesamowicie zależało jej na miłości i uwadze dorosłych i bardzo chciała zamiast ciociu

mówić mamo. Rodzice byli zdziwieni, gdy im to powiedziałam: „Ona nam nigdy tego nie mówiła!". Ale nigdy nie zapytali, jak się w tym domu czuje!

A skąd wiesz, że ona chciała mówić mamo?

Bo ją o to zapytałam.

To dlaczego mówiła ciociu?

Ponieważ jej się wydawało, że mówiąc mamo, mogłaby skrzywdzić swoją prawdziwą mamę. A poza tym – nikt jej tego nie zaproponował. Wytłumaczyłam „cioci", żeby powiedziała dziewczynce: „Czuję, że chcesz do mnie mówić mamo, ale wiem, że jeszcze nie jesteś na to gotowa. Pamiętaj jednak, że będę bardzo szczęśliwa, kiedy ta chwila nastąpi".

No właśnie, jak jest z tym mówieniem mamo?

Na to nie ma reguły. Jeżeli dziecko ma taką potrzebę lub raczej jeżeli taką potrzebę mają i dziecko, i dorosły (bo dorosły nie zawsze ma na to ochotę i nie zawsze jest w stanie to zaakceptować), jest to temat do poważnych rozmów. Musimy jednak zdawać sobie sprawę, że dziecku łatwiej jest zwracać się do nowej osoby mamo, tato, jeśli swojego biologicznego rodzica nie zna bądź kiedy go utraciło, niż wtedy gdy widuje go w tygodniu i podczas weekendu czy wakacji. Bo mieć dwóch tatusiów nie jest łatwo. Chociaż znam takie domy, w których jest tatuś prawdziwy i tatuś drugi.

I te dzieci są szczęśliwe, bo dostają więcej prezentów!

Myślę, że można doprowadzić do takiej sytuacji, że dziecko będzie miało same bonusy, ale nie chciałabym sprowadzać ich do prezentów.

Wcześniej dziecko miało ojca i matkę. Teraz doszedł jakiś nowy facet, nowa kobieta, nowi dziadkowie, z których każde może mieć własne zdanie na temat wychowania. Pojawia się problem: co dziecku powiedziała matka, czy miała rację, czy może rację ma nowa partnerka ojca, która ma kompletnie inne zdanie? I zaczyna się podważanie decyzji.

Wszystko zależy od dorosłych. Dzieci niestety są tylko pionkami w ich grze. Uważam, że obowiązkiem dorosłych jest się dogadać. Jeśli ustalą zasady, to problem, o którym mówisz, nie wystąpi. Ja chciałabym się skupić na tym, co się dzieje, kiedy mamusia mówi dziecku, że nowa żona taty jest niedobra i będzie je traktować jak piąte koło u wozu. Tatuś też, bo ma nowego dzidziusia i teraz będzie się zajmować tylko nim. Matki robią rzeczy, których robić nie wolno. Swoje frustracje i paranoje przelewają na dziecko, programują jego sposób myślenia o ojcu. Zawsze powtarzam, że ojciec, który odchodzi od rodziny, w dziewięćdziesięciu procentach odchodzi od kobiety, a nie od dziecka. I wina nigdy nie leży po jednej stronie. Zawsze pośrodku. Choćbyśmy nie wiem jak protestowały, jeżeli mąż zdradza, to znaczy, że nie miał tego, czego mu brakowało (i na poziomie emocji, i fizyczności). Wracając do odpowiedzialności rodziców. Dziecko wraca po weekendzie czy wakacjach spędzonych z tatusiem i jego nową partnerką, pełne dobrych wrażeń, uszczęśliwione, zaopiekowane, zadbane (bo jak mówiłam, ta kobieta bardzo często faworyzuje dziecko, żeby pokazać facetowi, jaka jest wspaniała i dobra, ale czasami robi

to po to, żeby stworzyć mu dom; czasami umie sprawić, żeby jej dziecko i dziecko faceta się polubiły), i chciałoby opowiedzieć matce, jak było cudownie, a mówi: „Było okropnie!". Bo jeśli matka modeluje dziecko, nastawia je, że nowa rodzina tatusia będzie go źle traktować, będzie w niej nieszczęśliwe, to dziecko, chcąc zadowolić matkę, wie, że musi oszukiwać, że nie może powiedzieć tego, co czuje. Ta relacja przenosi się później na inne, na przykład chłopak poznaje dziewczynę i mamusia pyta: „Jaka ona jest?". Odpowie: „Fatalna!". Bo cudowna może być tylko mamusia. To przenosi się na relacje z rówieśnikami, na pracę, na tysiące różnych rzeczy. Ta kobieta ma w sobie tyle nienawiści i złości na męża, że nie potrafi tych emocji oddzielić od dziecka i dlatego nie daje mu prawa, aby polubiło nową żonę ojca, zaprzyjaźniło się z przyrodnim rodzeństwem. A ona powinna się cieszyć, że dziecko miło spędza z nimi czas, że dobrze się bawi.

Teraz bardziej praktycznie. Jak jest z dawaniem prezentów? Bo nowa mamusia czy tatuś mogą pomyśleć, że jeśli będą kupować prezenty, dziecko ich polubi.

To zależy od odpowiedzialności dorosłych. Dziecko, które jest zasypywane prezentami, wie tylko tyle, że może manipulować rodzicem, zrobić minę i dostanie nagrodę. Prezent nie daje czasu, uwagi i miłości – tego, co dziecku jest potrzebne najbardziej. Więc jeżeli rodzicom wydaje się, że w ten sposób zdobędą uczucia dziecka – są w błędzie. Miłości kupić nie można.

Jest matka i dziecko. I pojawia się nowy tatuś. Czy powinien mieć takie same prawa jak matka, czy może ma mó-

wić dziecku: „Znasz moje zdanie, ale decyzja należy do mamy".

Wracamy do tego, jak się dorośli między sobą umówią. Mogą się umówić, że tworzą nową rodzinę, i w stosunku do dziecka, które jest teraz ich wspólnym obowiązkiem, podejmują decyzje wspólnie: „Ja mam swoje zdanie, ty swoje i ustalamy kompromis. Mam prawo zwrócić dziecku uwagę, wysłać do jego pokoju, bo jestem jego opiekunem. Robię to wszystko w uzgodnieniu z tobą, ale nie muszę cię za każdym razem pytać". Wtedy nie ma problemu. A mogą się umówić: „Ja tylko daję pieniądze, a ty wychowujesz. Ja się nie wtrącam, bo dziecko jest twoje". Tylko niebezpieczeństwo jest takie, że gdy dziecko jest tylko jej, on zawsze będzie ten nowy, ten trzeci. A to nie o to chodzi. Chodzi o to, żeby zbudować nową rodzinę.

A nie może być tak, że mężczyzna zajmuje się dzieckiem jak rodzic, ale respektuje to, że najpierw była matka i dziecko, a on do nich dołączył?

Zajmuje się dzieckiem, tylko że ciągle jest „tym trzecim".

Czyli to nie jest dobre rozwiązanie?

Dobre. Dla kobiety. Bo facet jest jak niania: opiekuje się jej dzieckiem, przyprowadza ze szkoły, zawozi na angielski... Jeżeli da się tak w tej hierarchii ustawić, jeżeli mu ona pasuje, to niech potem się nie dziwi, że dziecko nie ma do niego szacunku. Jeśli będzie „tym trzecim", nie będzie go też szanować partnerka: „Ty nie masz tu nic do gadania, bo my z Wojtusiem zawsze jesteśmy razem, a ciebie przyjęliśmy do naszej rodziny". To chore, ale zdarzają się takie wypadki.

Może w takim razie lepiej by było, żeby mężczyzna nie wprowadzał się do mieszkania kobiety, która przysposobi mu parę półek w szafie, lecz żeby wspólnie kupili nowe?

Oczywiście, że tak byłoby najlepiej. Z wielu powodów. Przede wszystkim dlatego, że urządzaliby wszystko od początku razem. Jeżeli dziecko jest malutkie, umeblowanie pokoju i jego kolorystyka mogłyby pozostać bez zmian (żeby dać dziecku poczucie bezpieczeństwa), natomiast trochę starsze dziecko mogłoby zadecydować samo, jakie meble i kolor chciałoby mieć w pokoju. Wiadomo, że urządzanie domu często ludzi jednoczy, bo razem spędzają czas, zastanawiają się nad najlepszym rozwiązaniem, kupują, ustawiają. To coś, co scala. Nowe mieszkanie ważne jest też dlatego, że nic nam się z tym miejscem nie kojarzy. Nie ma tej kanapy, „na której leżałam, gdy porzucił mnie twój ojciec", śladu na ścianie po obrazie, który „zabrał, odchodząc do tej wrednej baby". Zaczynamy wszystko od początku. Kiedyś zapytano mnie, czy lepiej, gdy mężczyzna wprowadza się do kobiety, czy kobieta do mężczyzny. Odpowiedziałam, że najlepiej jest, jeśli tworzą coś nowego, ponieważ osoba, która pozostaje w swoim mieszkaniu, zawsze ma przewagę – ma w nim swoje ulubione miejsce, związane z nim przyzwyczajenia, zapachy, które doskonale zna. A tak mają równe szanse.

Tworząc nowy związek, musimy myśleć i o partnerze, i o dziecku. Niestety często ludzie zachowują się dokładnie tak samo jak podczas rozstania, kiedy kompletnie nie myślą o uczuciach dziecka. Kiedy współpracowałam jako wolontariusz z ośrodkiem pomocy rodzinie, na palcach jednej ręki mogłam policzyć ludzi, którzy mówili, że chcą się rozwieść, ale bardzo by chcieli, żeby skutki rozwodu były dla ich dziecka jak najmniej odczuwalne. Od tego powinniśmy zacząć, a nie od tego, że dzieci podczas rozwodu są monetą przetargową, a potem są wykorzystywane, by upokorzyć byłego partnera. Kobiety wtedy nie zauważają (najczęściej tak robią), że wychowują dziecko na osobę, która ma skrzywione podejście do życia. Moja znajoma rozwiodła się z mężem, gdy syn był jeszcze malutki. Nie szukała żadnego faceta, ponieważ miała o nich jak najgorsze zdanie: „Faceci to szuje!". Jej syn dorastał w przekonaniu, że wszyscy mężczyźni to dranie. Ograniczała jego kontakty z ojcem i doprowadziła do tego, że ojciec stwierdził, że nie ma już siły spotykać się z dzieckiem, które zieje nienawiścią do niego i do wszystkich facetów. Ta toksyczna matka zniszczyła życie nie tylko dziecku. Zniszczyła też siebie. Kiedy zmarła jej matka i pozostało po niej mieszkanie, zasugerowałam, aby go nie sprzedawała, lecz zostawiła dla syna, gdy dorośnie. Na co ona: „Mam je dać księciu plemnikowi?!". Byłam w szoku. „Przecież to nie jest jakiś książę plemnik, który chodzi i zapładnia panienki tylko twoje dziecko!". Nienawiść do mężczyzn przeniosła na własnego syna!

Tymczasem sąd nie zastanawia się, czy matka jest toksyczna, czy nie, tylko po rozwodzie przyznaje opiekę nad dzieckiem kobiecie.

Sądy rodzinne, w których zasiadają same kobiety, uważają, że matka lepiej wychowa dziecko niż ojciec, ponieważ z natury jest bardziej opiekuńcza niż facet. Ja uważam, że nie ma znaczenia, kto wychowuje dziecko. Ważne, które z rodziców jest mądrzejsze. Słyszałam w telewizji krótką informację o tym, że w Hiszpanii sąd zadecydował, aby rodzicom, którzy strasznie długo kłócili się o prawo do opieki nad dzieckiem, wylewając przy tym na siebie wiadra pomyj, odebrać do czasu, aż się dogadają, prawa rodzicielskie, i umieścić dziecko w rodzinie zastępczej. To straszne rozwiązanie, bo zabierasz dziecko z domu i ono całkowicie traci poczucie bezpieczeństwa.

Pomyślałam teraz o dzieciach adoptowanych. I tu pojawia się odwieczny problem: mówić, że jest adoptowane czy nie?

Mamy adopcje wczesne i późne. Ten problem pojawia się przy adopcjach wczesnych. Przy późnych już go nie ma, ponieważ dziecko jest wszystkiego świadome. Jestem zwolenniczką mówienia dzieciom, że są adoptowane, i to mówienia dość wcześnie, czyli wtedy, kiedy zaczynają się rozmowy na ten temat, ponieważ zatajenie tego faktu jest wprowadzeniem tajemnicy, jakiegoś niepokojącego sekretu, który trzeba rozwikłać. Dlatego kiedy dziecko zapyta: „Dlaczego nie mam z wami zdjęcia, jak byłem malutki, a dopiero jak mam trzy latka?", trzeba z nim na temat adopcji porozmawiać.

Ale tak spyta dziecko sześcioletnie.

Bo wtedy mniej więcej rozmowy na temat rodziny się zaczynają. Ja nie mówię, żeby mówić trzylatkowi: „Kochanie, jesteś adoptowany", tylko rozmawiać z dzieckiem wtedy, gdy na przykład mówi: „Dlaczego nie jestem do was podobny?".

A jeśli zadaje pytanie: „To co mam po mamusi?", może to być pretekstem do rozmowy?

Jak najbardziej. Wtedy powiedzmy dziecku, że jest adoptowane: „Ciebie wybrałam, chciałam takiego, jaki jesteś". Niestety znam dramatyczne przypadki, kiedy ludzie adoptowali dzieci, a potem je oddawali, bo sobie z nimi nie radzili. To dramat i uważam, że polski system adopcyjny jest niedopracowany, skoro do takich sytuacji dopuszcza. Takie rzeczy nie powinny mieć miejsca. To tak, jakbym urodziła dziecko i po dwóch tygodniach odwiozła do męża, mówiąc: „Jest nieudane, więc go nie chcę". Rodzice powinny przechodzić bardzo wnikliwe testy, powinni być szkoleni, a później pilotowani. Nie może być tak, że kiedy nagle się okazuje, że dziecko, które adoptowaliśmy, jest poważnie chore, oddajemy jest z powrotem. A niestety takie przypadki się zdarzają. Wychowujemy takie dziecko jak własne. Z pełnymi konsekwencjami.

Rodzice dziecka adoptowanego najczęściej obawiają się złych genów.

I tu pojawia się odwieczne pytanie: czy decydują geny, czy wychowanie? Rodzice mówią: „Ale ono w dwunastym roku życia zaczęło przejawiać cechy, których my absolutnie nie mamy. To pewnie po jego rodzicach. Może jego matka była alkoholiczką?". Nie wiadomo, co wywołało problemy, ponieważ dzieci uczą się przez obserwację. Oczywiście mają jakiś potencjał genetyczny, na który nie mamy wpływu, ale to dorośli wychowują dziecko.
Zastanawiam się, czy czasami nie jest tak, że rodzice dzieci adoptowanych cały czas obawiają się, co z nich wyrośnie, i czekają, kiedy pojawią się kłopoty. Wszystko zależy od tego, jak pracujesz, jak żyjesz, jak wychowujesz.
Ale problemy z przystosowaniem się dziecka ma każda rodzina. Znam fantastycznych ludzi, którzy wzięli z domu dziecka chłopca będącego wcześniej w trzech rodzinach adopcyjnych. Codziennie rano pytał: „To co, dziś odwozicie mnie do domu

dziecka tak jak tamci?". Ci ludzie stworzyli mu cudowny dom, nie zasypali go nowymi rzeczami i bodźcami, a on przez cały rok codziennie w ten sposób ich sprawdzał. Płakali po nocach, wydawało im się, że robią coś źle. Pytali mnie: „Dlaczego on to robi?". Tłumaczyłam: „Bo nie ma poczucia bezpieczeństwa. Jak może być zdrowy emocjonalnie, skoro cały czas czuje się jak paczka w przedpokoju? Rozpakują czy nie? Może to trwać jeszcze parę lat i specjalnie nie macie na nią wpływu. Możecie tylko codziennie dawać mu dowody, że go kochacie. Jednym dzieciom ten okres zabiera mniej czasu, innym więcej. Ale przechodzą przez to wszystkie".

Zatem decydować się na adopcję powinni tylko ci ludzie, którzy mają niesamowicie silną potrzebę obdarowywania miłością innych? Powiedziałabym – ludzie „wybrani".

Ludzie o specyficznych cechach osobowości. Ja podziwiam ich niesłychanie.

Popieram adopcje całym sercem, ale akcja pod hasłem „Wszyscy adoptujmy dzieci" nie byłaby dobra, ponieważ nie wszyscy są na to gotowi. Nie każdy człowiek może być rodzicem adopcyjnym, tak jak nie każdy musi być rodzicem.

A czy adoptowane dziecko nie jest czasami namiastką tego, które tak bardzo chciało się mieć, o które tak długo się zabiegało?

Uważam, że to dobra kolej rzeczy. Znam ludzi, którzy bardzo długo walczyli o to, by mieć własne dziecko. W końcu lekarz powiedział im, że nie mają żadnych szans. I zdecydowali się na adopcję. A jak tylko to zrobili – kobieta zaszła w ciążę. Znam ludzi, którzy mieli dziecko, ale nie mogli mieć następnego, i żeby ich córka nie była jedynaczką (bo zawsze chcieli mieć dom wielodzietny), adoptowali dwójkę dzieci. Tworzą fantastyczną rodzinę.

W tym przypadku nie ma problemu: mówić czy nie mówić o adopcji, bo nasze dziecko najpierw było samo, a tu nagle wprowadza się nowy członek rodziny.

Różnie to bywa. Czasami mamusia udaje, że jest w ciąży.

Dlaczego?

Bo chce zaprzeczyć temu, że nie jest w pełni kobietą. „Nie urodziłam dziecka, to znaczy, że jestem niepełnowartościowa". A przecież nie każda kobieta musi być matką. Uważam, że jeżeli młoda kobieta nie czuje, że macierzyństwo jest jej powołaniem, należy tę decyzję uszanować. Nie każde małżeństwo musi tworzyć rodzinę. Rodzicielstwo to odpowiedzialność. Musimy wiedzieć, dlaczego chcemy mieć dziecko. Pamiętam, jak podczas debaty na temat planowania rodziny, na temat tego, jak zachęcić Polaków do modelu dwa plus dwa, pewna posłanka, lekarka, z trybuny sejmowej krzyczała: „Jestem matką szóstki dzieci! Ja mam te dzieci, żeby miał mi kto podać na starość herbatę!". To tragiczna motywacja. Najgorsza. Współczuję jej dzieciom, że urodziła je tylko po to, by podawały jej herbatę. Bo to, że dziecko na starość ją poda, rodzice powinni traktować wyłącznie jako bonus.

13. MOJE DZIECKO DOJRZEWA

Moje dziecko dojrzewa. Tak sądzę, bo Julka (siedmiolatka) ostatnio bardzo się zmieniła. Zamknęła się w sobie, nie chce mi opowiadać o swoich problemach. Na parę godzin zamyka się w łazience i nie można jej stamtąd wyrzucić. Zaczęła o siebie dbać. Moja córka chce się przebierać pięć razy dziennie, używać lakieru do paznokci, moich kosmetyków. Co mam robić? Czy to jest normalne?

Człowiek zaczyna dojrzewać już w momencie poczęcia, czyli połączenia się plemnika z komórką jajową. Najpierw dojrzewa do tego, żeby się urodzić, a potem do tego, by umrzeć. Bo kiedy zaczyna się proces życia, tak naprawdę zaczyna się proces umierania. Kiedy kobieta jest w ciąży, bardzo się cieszy ze zmian zachodzących w jej organizmie, z tego, że nagle czuje ruchy, że jej dziecko rozwija się, rośnie. Ale w momencie gdy dziecko się rodzi, bardzo często zapomina, z czego tak się cieszyła, i teraz zmiany zachodzące w dziecku zaczynają ją przerażać. Zaczyna blokować siebie i dziecko. Te matki ciągle mówią: „Nie wolno, nie rób, nie rusz, nie wchodź, zostaw", a naturalną potrzebą dziecka jest eksploracja. Bez niej niczego się nie nauczy. Nie można całe życie trzymać dziecka w łóżeczku ze szczebelkami! Ono musi wyjść na zewnątrz, musi zdobyć wiedzę o świecie, o sobie, o własnych emocjach, o emocjach innych ludzi. Wielu z nas pod pojęciem dojrzewania rozumie tylko rozwój fizyczny, tymczasem ono dotyczy również emocji, procesów poznawczych. W mózgu dziecka zachodzą nieprawdopodobne zmiany. Matka skarży się: „Tłumaczę mu sto razy, a on nie rozumie!". Ale może dzisiaj albo jutro nadejdzie ten dzień, kiedy dziecku ta klapka zaskoczy? Podobnie jest z emocjami. Trzymiesięczne dziecko wyraża emocje, krzycząc, machając rączkami, nóżkami. Przy tym czerwienieje, tężeje, ponieważ zaangażowany jest cały jego organizm. Dziecko dwuletnie już w taki sposób emocji nie wyraża. A tym bardziej człowiek dorosły.

Dziecko dojrzewa. Musimy być na to gotowi – i co najważniejsze – musimy zaakceptować fakt, że nasze dziecko przez najbliższe osiemnaście lat nie będzie niemowlakiem z butelką i smoczkiem, że w pewnym momencie zacznie mieć swoje zdanie, że powie: „Nie chcę. A ja myślałem... A mnie się wydaje...". Oczywiście w pierwszych latach życia musimy je maksymalnie dużo nauczyć. Psychologowie uważają, że takim okresem krytycznym, w którym dziecko rozwija bardzo dużo umiejętności, jak również następuje zbliżenie emocjonalne z rodzicem, są pierwsze trzy miesiące życia. Jeżeli w tym okresie nie przećwiczymy z nim paru rzeczy, uniemożliwimy mu dalszy prawidłowy rozwój.

A co musimy przećwiczyć? Mówiłaś już, że dziecko musi poznać dwanaście nowych osób, dwanaście nowych sytuacji...

Mówiąc trochę żartobliwie – dwanaście złotych zasad wychowywania szczeniaka. Dziecko musi poznać własne reakcje i reakcje

matki, musi się dowiedzieć, że ręce matki są najbezpieczniejsze, musi być podrzucone do góry. W tej chwili wiadomo, że do drugiego roku życia trzeba uczyć dziecko przez zmysły: wzroku, słuchu, smaku, węchu i dotyku. Im bardziej są one zaangażowane – tym lepiej. Do ukończenia drugiego roku życia dziecko musi te wszystkie zmysły uruchomić.

Nie rozumiem, dlaczego musimy trzymiesięczne dziecko podrzucić do góry. Podrzucić i złapać?!

Zrobić mu „windę" – podnieść do góry i w dół. Przekręcić, by powisiało głową w dół.

Tego żaden rodzic nie robi.

Robi. Tylko nieświadomie. Przecież przechyla dziecko głową w dół, kiedy je oklepuje. To jest dla jego rozwoju niezbędne. Tak samo jak niezbędny jest masaż, dotykanie kolanka do kolanka, kolanka do łokcia.

A czemu służy dotykanie kolanka do łokcia?

Wzmacnia mięśnie, wpływa na perystaltykę jelit, uruchamia obie półkule mózgowe, i oczywiście daje kontakt z rodzicem. Dotyk ma niesamowitą moc terapeutyczną. I matki intuicyjnie to czują. Masują dziecku brzuszek, plecki, chociaż nie muszą wiedzieć, że w ten sposób wyrównują napięcie mięśniowe i bardzo malucha relaksują. Bawią się jego rączkami czy stópkami, nie mając świadomości, że to nic innego jak refleksoterapia. Jeśli chcą, żeby dziecko zasnęło, intuicyjnie gładzą mu brwi i skronie. Jak „odlotowo" to działa, wiedzą wszystkie kobiety, które kiedykolwiek miały masaż twarzy. Badania wykazały, że niemowlaki, które przebywały w inkubatorze, dotykane przez pielęgniarki tylko jednym palcem, rozwijały się szybciej niż te, których nikt nie dotykał. Kiedy wcześniakowi po porodzie spada temperatura, kładzie się go na piersi matki i przykrywa kocem. To działo dokładnie tak samo jak włożenie do inkubatora. Nie potrzeba więc żadnych cudów techniki. Dotyk matki jest najlepszym lekarstwem. Wystarczy, że położy rękę na plecach dziecka, a ono się uspokaja.

Praca z dzieckiem, przygotowanie go do życia polega na dostarczaniu mu całej masy bodźców. Na okrągło powtarzam rodzicom, że dziecku nie wystarczą zabawki. Powinniśmy mu jeszcze pokazać, do czego służą. A służą do tego rozwijania wszystkich zmysłów: jedna zabawka wydaje dźwięk, inna jest twarda, a inna miękka. Jeszcze inna pachnie, można ją złożyć, a przez inną można patrzeć, ponieważ jest przezroczysta. I to rodzic musi pokazać dziecku różnice, zachęcić do kolejnych badań. Jeśli nauczymy, że każdą rzecz można poznać na kilka sposobów, wychowamy dziecko twórcze.

Dlaczego zaleca się, żeby dzieci słuchały muzyki? Nie po to, żeby je uwrażliwić, bowiem słuch dziecka na samym początku życia jest dużo wrażliwszy niż słuch dziecka piętnastoletniego, tylko po to, by uczulać je na różne dźwięki. Te matki, ci dziadkowie, którzy mówią: „Zobacz tu, zobacz tam, tu kwitnie, tam rośnie" uczą dziecko odbierania świata, stymulują rozwój zmysłów i procesy poznawcze, czyli dojrzewanie.

Dojrzewanie to również nabywanie pewnych umiejętności. Chciałabym teraz porozmawiać o problemie związanym z czystością, czyli… nocniku.

Mam świadomość, że rodzice chcieliby, aby ich dziecko nauczyło się korzystać z nocnika z dnia na dzień. Nie będę mówić o tym, w którym momencie dziecko na nocnik wysadzać, jak go załatwiania się do nocnika nauczyć, bo o tym można przeczytać w książkach, poradnikach. Powiem tylko o dwóch rzeczach: po pierwsze dziecko musi być na to gotowe. Nie możemy zmuszać go wcześniej, ponieważ skończy się na tym, że przez następny rok czy dwa będziemy z nim walczyć, żeby na nocnik usiadło. I druga rzecz. Jeśli przez kilka dni matka mówi: „No usiądź! Zrób kupkę do nocniczka. Zrób siusiu" i daje dziecku zabaweczkę, żeby je zmotywować, w końcu dziecko na ten nocnik siada. A co robi matka z tym, co w nim się znalazło? Natychmiast wyrzuca! Bo śmierdzi! Tłumaczę rodzicom, że jeśli tak długo oczekują z dzieckiem na to ważne wydarzenie, to teraz, chcąc nie chcąc, muszą się tym trochę nacieszyć. Postawcie nocnik w dużym pokoju, wykonajcie trzy telefony i pochwalcie się znajomym, że dziecko zrobiło dużą i piękną kupę! A przede wszystkim – pochwalcie dziecko. Jeżeli walczycie, żeby coś zrobiło, to nie możecie efektu jego pracy natychmiast wyrzucać, ponieważ wyciągnie z tego wniosek, że was to nic a nic nie obchodzi. Trzeba dziecko nagrodzić.

Problem z nocnikiem polega na tym, że rodzicom strasznie zależy, żeby dziecko przestało korzystać z pieluch, ale głównie ze względów finansowych. Kompletnie nie zastanawiają się nad tym, jak ważne jest to dla dziecka. Jak ważne jest dla niego, aby idąc do przedszkola w wieku trzech lat, miało za sobą trening czystości. Kiedy matka mi mówi: „Bo pani w przedszkolu powiedziała, że dziecko ma umieć się załatwiać do nocnika!", to nie chodzi o to, że dzięki temu będzie się czuło bardziej dojrzałe, dzieci nie będą się z niego śmiały, tylko że jest to kłopotliwe. Kłopotliwe dla pani przedszkolanki. A o tym, że dziecko może mieć kłopot, jakoś nikt nie pomyśli.

Skoro już jesteśmy przy fizjologii, pomówmy o dojrzewaniu fizycznym.

U dziecka do lat siedmiu o dojrzewaniu fizycznym specjalnie mówić się nie da. Chociaż rodzą się dzieci z bardzo rozwiniętymi gruczołami piersiowymi i dziewczynka wygląda tak, jakby miała piersi. U niektórych ze sromu wydobywa się kropelka krwi, ale to znaczy, że ich hormony jeszcze się nie ustabilizowały. To są tak zwane patologiczne przypadki i nie ma potrzeby o nich rozmawiać.

Ale możemy porozmawiać o identyfikacji seksualnej.

Na pewno. Ale też o tym, że zdarza się, że do pokoju wchodzi trzylatek z pełnym wzwodem i mówi: „Zobacz mamusiu, co mi się dziwnego zrobiło!". Co w takiej sytuacji na ogół robią matki? Głupieją i mówią: „Nie patrz! Nie dotykaj!". Traktują to jak najstraszniejszą rzecz pod słońcem. A to jest naturalne i trzeba dziecku powiedzieć, że tak się dzieje: „Coś ci się śniło, napłynęła krew, narząd został lepiej ukrwiony, ale za chwilkę ci przejdzie". Z tym wiążą się też doświadczenia bólowe, bo nagle w spodniach coś się usztywniło, jest niewygodnie i przeszkadza. Chłopiec zaczyna się drapać, a matka zamiast wytłumaczyć, że to normalne, krzyczy: „Zostaw! Co robisz! Ręce na kołdrę!". Znany jest onanizm dwuletnich, pięcioletnich dzieci. Stymulacja narządów płciowych daje dziecku przyjemność, w związku z czym do tej przyjemności dąży. I tu są dwie szkoły. Jedna mówi, żeby dziecko zostawić, nie rozmawiać na ten temat, nie zwracać uwagi, bo

to przejdzie, a druga mówi: zwróć jego uwagę na coś innego, do-starcz tylu atrakcji i bodźców, żeby znalazł przyjemność gdzie indziej (by cały czas coś wokół niego się działo), ponieważ bar-dzo często w ten sposób stymulują się dzieci, które się nudzą.

Ale powiedziałaś, że trzeba dziecku wytłumaczyć, co się z nim dzieje.

Oczywiście, dlatego że dziecko po prostu się boi: „Mamo, je-stem chory!". Kiedy byłam wychowawczynią na kolonii, miałam w grupie siedmioletnią dziewczynkę, która w nocy obudziła się z krzykiem, że umiera. Okazało się, że dostała menstruacji i nikt jej nie przygotował na to, że będzie krwawić. A jej krew kojarzyła się z raną.

Przepraszam, a komu by przyszło do głowy, że siedmioletnia dziewczynka może dostać okres?

W tej chwili siedmiolatki też dojrzewają. Poza tym matka tej dziewczynki jest kobietą, w związku z czym miewa okres. W domu leżą podpaski, matka źle się czuje. Już z pięciolatką można na ten temat porozmawiać: „Jestem kobietą, dzieją się takie rzeczy". Ja nie mówię, że trzeba się wdawać w szczegó-ły, ale trzeba powiedzieć, że co jakiś czas pojawia się krew, że każda kobieta tak ma. Normalnie dzieci kojarzą krew z bólem, a ból z chorobą, ze strachem, śmiercią. Dziewczynka, o której wspomniałam, bała się, że umiera. I podobnie boi się chłopiec, gdy widzi, że dzieje się z nim coś dziwnego.

W porządku. Mówisz chłopcu, cytuję: „Krew ci napłynęła i narząd został lepiej ukrwiony", a on pyta: „Dlaczego?".

Bo jesteś mężczyzną.

„Dlaczego?".

Bo są chłopcy i dziewczynki, mężczyźni i kobiety. Pewne rzeczy mamy podobne, ale pewne są inne. Jesteś chłopcem, bo masz penisa. Za kilkanaście lat twojej koleżance urosną piersi, a tobie broda i wąsy, i będziesz mężczyzną. Rozumiem, że na temat dojrzewania łatwo się nie rozmawia, bo z jakiegoś niewiadomego powodu to temat tabu, ale przecież to nic innego jak nasza biologia. Kiedy zatem dziecko ma się tego o sobie dowiedzieć? Rodzic musi tylko pamiętać, że gdy dziecko ma trzy lata, przekazujemy mu inną wiedzę niż wtedy, gdy ma lat pięć, a jeszcze inną – gdy ma lat siedem.

Kiedyś na spotkaniu rodziców w przedszkolu pewien tata poprosił, żebym, skoro jestem taka mądra, powiedziała, jak zachować się w sytuacji, jakiej niedawno doświadczył. Jego pięcioletni syn, pokazując na prezerwatywy w sklepie, zapytał: „Co to jest?". Mężczyzna odruchowo powiedział, że to jest dla dorosłych, ale chłopiec dociekliwie powtórzył pytanie: „Ale co to jest?". „No... to są prezerwatywy". A synek: „A co się z nimi robi?". Ojciec już się nie odezwał, wziął syna za rękę i wyszli ze sklepu. Spytałam go: „A co jest napisane na prezerwatywach?". „Że są to środki zapobiegające ciąży". „Więc trzeba to było przeczytać". „Jak to przeczytać?". „Normalnie. Że prezerwatywa to środek do zapobiegania ciąży". „A gdyby pytał dalej?". „Wtedy mówisz: przeczytałem ci. To jest właśnie to". I kończysz rozmowę, bo dla pięciolatka takie wyjaśnienie powinno być wystarczające. Inaczej wyjaśniamy sześciolatkowi, a inaczej dwunastolatkowi, co nie znaczy, że zaczynamy na ten temat rozmawiać, gdy dziecko ma lat dwanaście. By nie było

tak jak w słynnym dowcipie: ojciec zwraca się do syna: porozmawiajmy o seksie. Na co syn: to co tato chciałbyś wiedzieć? Dziecko w wieku ośmiu lat nagle stwierdza, że rośnie mu włosek w nowym miejscu albo że zaczyna się pocić i ten zapach jest nieprzyjemny. Dlatego naszym obowiązkiem jest wytłumaczyć mu, co się z nim dzieje.

Dla wielu rodziców jest to trudne nie tylko z powodu drażliwości tematu, lecz także dlatego, że nie mają zielonego pojęcia o rozwoju dziecka. Niektórzy ojcowie, gdy ich córka zaczyna zakładać koraliki, spineczki, uważają, że w ten sposób ich uwodzi!

Dorosły absolutnie nie może mieć takiego poczucia. Dziewczynka zaczyna się zachowywać jak dorosła, ale kompletnie nie wie, o co chodzi. Nie wie, jak jej zachowanie może być odebrane. To kolejny etap rozwoju, przez który każda dziewczynka musi przejść. Ale pamiętajmy, by nic nie przyspieszać, by dać jej czas na bycie dzieckiem, nie robić z niej lolitki. Nie ubierać jedenastoletniej dziewczynki tak, by wyglądała na szesnastolatkę. W gazetach jest mnóstwo zdjęć, na których wystylizowana i umalowana dziewczynka przybiera pozy jak dorosła kobieta. To skandal, że rodzice się na to zgadzają! A tatuś jest szalenie dumny, że jego córka wygląda na szesnaście lat!
Niestety dotyczy to również małych dzieci. Tu kłania się cały przemysł „mała miss". W Polsce na szczęście jest to margines, chociaż pomału, jak wiele złych rzeczy z Zachodu, zaczyna docierać też do nas. Oglądałam film *Mała miss*, który opowiada o rodzinie jadącej z córką na konkurs piękności dla małych dziewczynek. I następuje zderzenie, bo ich córeczka z prostymi włosami, opaską na głowie i wystającym brzuszkiem (sto

procent dziecięcości) staje obok dziewczynek w jej wieku wy-stylizowanych na Marilyn Monroe – po operacjach plastycznych, z makijażami, w długich sukniach bez pleców. Kto pozwala na takie rzeczy?! Dorośli prowokują innych dorosłych, używając dziecka jako narzędzia, a potem dziwią się, że dochodzi do nad-użyć. Dziecko musi mieć dzieciństwo i możliwość bycia dzieckiem w ubiorze, zachowaniu, w reakcjach.

A jaki jest twój stosunek do konkursów piosenkarskich dla małych dzieci, które znamy z telewizji? Mnie osobiście szlag trafia, kiedy słyszę, jak śpiewają: „Baśka miała fajny biust".

Był kiedyś program pod tytułem „Miniplayback show", w któ-rym dzieci nie śpiewały, tylko upodobnione do gwiazdy, której piosenkę miały wykonać, ruszały ustami. Wyglądało to drama-tycznie. I śmialiśmy się z nich, traktując jak małpeczki. Potem wymyślono coś bardziej „ambitnego" – żeby dzieci śpiewały same. I tak jak zauważyłaś – repertuar wybierano im specyficz-ny. To skandal! Nie wiem, kto na coś takiego pozwala! Uważam, że dzieci jak najbardziej mogą śpiewać piosenki, nawet piosen-ki dorosłych, ale pod warunkiem że wszystko, co jest w tekście, jest dla nich zrozumiałe. Poza tym mają śpiewać jak dzieci, czyli ma to być dziecięca interpretacja piosenki.

I mają być jak dzieci ubrane?

Oczywiście! Nie mogą mieć makijażu, fryzury i stroju doros-łej osoby. Spróbujmy odwrócić sytuację. Wyobraźmy sobie, że robimy teraz przegląd piosenki dziecięcej, w której śpiewają dorośli. Ubieramy ich jak dzieci i niech śpiewają: „Kulfon, co z ciebie wyrośnie". Byłby to program głupi jak but, niczemu

by nie służył. Ale o ile dorosły przebrany za dziecko może być odbierany jako niespełna rozumu, o tyle dziecko przebrane za dorosłego może prowokować. I wtedy to może już być na granicy bezpieczeństwa.

Skoro jesteśmy przy telewizji. Są jeszcze programy, w których dzieci występują jako alfa i omega…

To według mnie niespełnione aspiracje rodziców.

Teraz z domowego podwórka. Podczas wizyty znajomych rodzice każą dziecku powiedzieć wierszyk.

Niestety zdarza się to bardzo często, ponieważ rodzice chcą się pochwalić, że ich pociecha nabrała już pewnych umiejętności. Tutaj jakiegoś niebezpieczeństwa bym się nie doszukiwała, pod warunkiem że dziecko chce ten wierszyk powiedzieć. Ja jako dziecko uwielbiałam występy i sama się wpraszałam, by zaśpiewać piosenkę. Robiłam to na wszystkich imprezach rodzinnych. Lubiłam to do pewnego momentu, a kiedy przestało mi się podobać, moi rodzice to zaakceptowali i nikt mnie do śpiewania nie zmuszał. Niestety wielu rodziców w takiej sytuacji zachowuje się kompletnie inaczej. Nie interesuje ich, czy dziecko odczuwa lęk przed wystąpieniami publicznymi, czy nie, ważne, żeby zrealizowało cel, który mu wytyczyli. Byłam kiedyś na dziecięcym castingu. Dramat! Płaczące dzieci, matka mówiąca do syna: „Musisz wygrać, bo nie będziemy mieli na chleb". Obarcza się dziecko świadomością, że musi utrzymywać dom. Oczywiście jeśli dziecko chce wystąpić w reklamie, dajmy mu szansę spróbować. Ale należy powiedzieć, że jest to ciężka praca, trwająca nawet po osiem godzin dziennie. Potem rodzic musi dziecko wesprzeć, a jeśli ono zmieni zdanie i powie, że już więcej nie chce, trzeba to uszanować. Tymczasem rodzice mówią: „Jak to? Zrobiłeś jedną reklamę i już następnej nie zrobisz?". To chore ambicje dorosłych. Tak samo jak kolejne dodatkowe zajęcia, na które wysyłają dziecko.

Bo chcą mu „podsunąć zainteresowania".

Do trzynastego roku życia dziecko ma prawo nie wiedzieć, czym się interesuje. Oczywiście rodzice powinni przekazywać dziecku swoją pasję, ale nie na zasadzie: „Jak byłem w twoim wieku, to interesowałem się numizmatyką i ty też masz się nią interesować", tylko pokazać, co jest dla nich ważne, dzielić się z nim emocjami. Wtedy jest szansa, że dziecko zainteresowania rodzica przechwyci. Natomiast nigdy tak się nie stanie, gdy zostanie przymuszone do kontynuowania tradycji rodzinnej – że trzeba nadal zbierać znaczki, bo ojcu już się odechciało. Jeśli chcemy, by dziecko podzieliło naszą pasję, musimy przekazać ją na poziomie emocji. Gdy rodzic robi jakąś rzecz z sercem – jeździ na nartach, pływa, gra w gry planszowe – to dziecko też będzie chciało to robić. Stąd biorą się te słynne klany aktorskie. I chociaż rodzice nie chcą, by ich dziecko było aktorem – ono idzie w ich ślady. Dzieje się tak dlatego, że w ich domu przy obiedzie, przy kolacji mówi się o filmach, książkach. Rodzice uczą się roli, odwiedzają ich koledzy aktorzy i dziecko wchłania tę atmosferę jak gąbka. Tak samo jest z prawnikami, lekarzami. Dziecko siłą rzeczy zaczyna myśleć w określony sposób i potem jest mu ciężko wybrać inny zawód. Ale jak wszyscy wiemy, nie zawsze tak się dzieje. Swoim studentom na psychologii na pierwszych zajęciach zadawałam pytanie: „Kto jest na tych studiach wbrew woli rodziców?". I podnosiła rękę jedna

trzecia sali, a czasem połowa. „W takim razie, jakie oczekiwania mieli wobec was rodzice?". Większość odpowiadała, że rodzice chcieli, aby zostali prawnikami, lekarzami, informatykami. Oni poszli na te studia, ponieważ tę decyzję wywalczyli.

Rodzic musi znaleźć pomysł na relacje z dzieckiem, sposób, w jaki należy mu pomagać dojrzewać, dorastać do podejmowania decyzji, by w konsekwencji poszedł własną drogą. Bo wychowanie dziecka to nie jest droga po śladach.

Ale rodzice chcą ulepić dziecko na swoje podobieństwo.

Francuski rzeźbiarz Auguste Rodin spytany o to, jak powstaje rzeźba, odpowiedział: „Bierze się blok kamienia i odtrąca, co niepotrzebne". Bo ta rzeźba już w kamieniu jest. Tak samo jest z człowiekiem. Rodzice nie tworzą nikogo nowego. Ten człowiek ze swoim potencjałem już jest. A naszym zadaniem jest jego obserwowanie i wychwytywanie drobiazgów, które pokazują, czym nasze dziecko się interesuje, pomoc w ich rozwijaniu, kształtowaniu, wspieranie i danie szansy, by ten potencjał zaistniał.

My tak straszliwie dbamy o to, żeby dziecko było najedzone (problem numer jeden w Polsce), żeby chodziło do dobrej szkoły (problem numer jeden), żeby było bezpieczne (problem numer jeden), żeby było ubrane lepiej niż rówieśnicy (problem numer jeden), a nikt tak naprawdę nie zastanawia się, co w głowie tego dziecka się dzieje. Kiedy pytam rodziców: co wiesz o swoim dziecku? Jaki kolor lubi? Czego się boi?, wybałuszają oczy. Pracowałam kiedyś z czworaczkami i zaproponowałam zabawę, która polegała na tym, że każde dziecko miało powiedzieć, jakim chciałoby być kolorem, kwiatem, zwierzęciem, jak samo siebie postrzega. Okazało się, że są zupełnie inne, a przy okazji wyszło, że mają niebywałą wyobraźnię i wiedzę na swój temat. Pokazałam matce, że syn, którego uznała za przywódcę stada, chce być koziołkiem, czyli chciałby się schować i być malutki, a ten, który jest ostatni w stadzie, przez matkę traktowany jako najgorszy, postrzega siebie jako lwa. Dzięki temu matka zrozumiała, skąd bierze się jego agresja – bo on cały czas walczył o to, by nie być przez nią postrzegany jako najsłabszy, ten, który nic nie potrafi.

Rozumiem, że ktoś może powiedzieć: „Tej Zawadzkiej kompletnie odbiło! Żeby z dzieckiem rozmawiać o kwiatkach!". Zapewniam, że rozmawiając na takie tematy, „o niczym", możemy dowiedzieć się o dziecku masy rzeczy: co myśli, jakie są jego marzenia. A oprócz tego dzięki takim rozmowom dziecko czuje, że nim się interesujemy, dajemy mu poczucie bezpieczeństwa, ma do nas zaufanie. Nie wystarczy zdawkowe: „Co czytasz?". Dziecko odpowie, że lekturę szkolną, a tak naprawdę pod spodem ma co innego. Rodzice w ogóle nie uruchamiają szarych komórek, by dotrzeć do dziecka, żeby się do niego zbliżyć. Mówimy tylko, że nie potrafimy, że nie dajemy rady. Zdaję sobie sprawę, że nie każdy dorosły ma wgląd w siebie, że nie każdy, jak ja, przeczytał tysiąc książek o rozwoju dziecka, ale ja wychowywałam swoje dzieci, zanim te książki przeczytałam. Po prostu miałam sporo intuicji. To moje dzieci nauczyły mnie wielu rzeczy, ponieważ dawały sygnały, które szanowałam. Gdy mój syn mówił: „Nie", stwierdzałam: „W porządku", a potem próbowałam dowiedzieć się, dlaczego to „nie" powiedział. Nigdy nie było tak, że miał coś zrobić tylko dlatego, że tak sobie wymyśliłam. Zawsze zastanawiałam się: „Może nie mam racji?". Przecież fakt, że urodziłam dziecko, nie oznacza, że wiem wszystko, że jestem nieomylna. A niestety tak sądzi większość matek.

14. MOJE DZIECKO SOBIE BEZE MNIE NIE PORADZI

E-MAIL

Moje dziecko nic nie potrafi zrobić beze mnie, podjąć decyzji, ubrać się, rozebrać, zachować, zjeść. Jak tylko zamkną się za nim drzwi naszego mieszkania, natychmiast przydarzy mu się nieszczęście, ponieważ nie wie, co ma zrobić ze sobą, ze swoim życiem. Ja mu zawsze chętnie pomogę, ale czy tak ma być zawsze? Jaś jest już w pierwszej klasie i chyba powinien coś już sam umieć koło siebie zrobić?

Problem ten zaczyna się od najdrobniejszych rzeczy: spędzanie czasu, jedzenie, zasypianie, zabawa. „Gdyby nie ja – myśli matka – moje dziecko nie rozwijałoby się i absolutnie by sobie nie poradziło". Mówiłyśmy już wcześniej, że kiedy dziecko zaczyna chodzić i w naturalny sposób od matki się odłącza, ona swoją nadopiekuńczością na siłę chce je przy sobie zatrzymać. Chodzi o drobiazgi, które są społecznie akceptowane. Uważa się, że taka matka dba o swoje dziecko: zapnie mu guziczki, założy kurteczkę, owinie szaliczkiem, trzyma za rączkę na ulicy. Na początku wszystkim, łącznie z nią samą, wydaje się to w porządku, ale w którymś momencie okazuje się, że matka nadal uważa, że dziecko sobie bez niej nie poradzi, tymczasem ono dałoby sobie świetnie radę, tyle tylko że nie miało szansy czegokolwiek się nauczyć. I sprawdza się przepowiednia: „Moje dziecko nie da sobie rady!", która wiąże się z tak zwaną wyuczoną bezradnością. To problem wielu dzieci, nastolatków, a potem również dorosłych, którzy faktycznie bez mamuś sobie nie radzą.

Kiedy moja córka miała dwa lata, chodziłam na przeglądy filmowe. Zawoziłam ją do koleżanki do akademika i odbierałam po seansie. Zdarzało się, że opiekę nad nią przejmowały jakieś nowe „ciocie", co jej kompletnie nie przeszkadzało, ponieważ zupełnie nie bała się ludzi. Może to też jest jakaś metoda oswajania dziecka ze światem?

Musisz pamiętać, że być może twoja córka odziedziczyła geny: „Jestem dzielna i daję radę. Świat stoi przede mną otworem", a gdybyś miała dziecko z innym partnerem, mogłoby być zalęknionym niedowiarkiem. Nie potrafię odpowiedzieć na pytanie, czy to sprawa genetyki, czy wychowania. Myślę, że po połowie. Z całą pewnością jest tak, że twoja córka wyćwiczyła się w pewnych umiejętnościach społecznych i dla niej sto cioć nie stanowiło żadnego problemu. Pamiętam moje koleżanki ze studiów, które przychodziły na zajęcia z dziećmi. I jedne dzieci radziły sobie świetnie w towarzystwie stu cioć, a inne nie radziły sobie kompletnie, mimo że miały podobny trening. Wydaje mi się, że ma to związek również z tym, co myśli matka – jeśli ma pewność, że jej dziecko sobie poradzi, to tak się stanie, a jeżeli nie jest tego pewna – zaszczepi tę niepewność dziecku. Bo dziecko tak naprawdę dowiaduje się wszystkiego o świecie od nas. Dlatego do upadłego powtarzam rodzicom: „Jeżeli sto razy dziennie mówisz dziecku, że sobie nie poradzi, że nie umie, to nie spodziewaj się po nim samodzielności".

Opowiem ci anegdotę: razem z synem chodzimy na spacery z naszym psem. Szczeniak musi nauczyć się wielu rzeczy, również tych związanych z relacjami w psim społeczeństwie. Starsze psy nie traktują naszego szczeniaka zbyt poważnie i po pierwszym obwąchaniu odwracają się do niego tyłem. Kiedyś powiedziałam: „Chodź, Nemrod, piesek nie chce się z tobą bawić", na co mój syn natychmiast wypalił: „Mamo, nie mów tak do niego, bo pomyśli, że nikt nie chce się z nim bawić i w ten sposób zaszczepisz w nim niskie poczucie własnej wartości!". Powiedział to w żartach, co nie zmienia faktu, że przetransponował informację, którą kiedyś ode mnie dostawał. Przyznałam mu rację. Teraz mówię: „Nemrod, nie bawimy się z psem, bo nie mamy czasu". Już nie mówię, że pies nie chce się z nim bawić, bo zrobię mu kuku. Oczywiście to śmieszna anegdota, ale my to kuku naprawdę robimy swoim dzieciom: „Zawiozę cię, bo sam nie będziesz wiedział, do jakiego tramwaju wsiąść. Po co tam masz iść, przecież sobie nie poradzisz!". My dziecku (czasami wprost) przekazujemy informację, że tylko matka (bo częściej robią to matki niż ojcowie) jest w stanie zapewnić mu bezproblemowe dzieciństwo. Ale w pewnym momencie te matki, patrząc na inne dzieci, orientują się, że z ich pociechą jest coś nie tak – że nie potrafi jeść nożem i widelcem, że łyżkę trzyma chwytem małpim, że nie potrafi zapiąć guzika, że nie ma mowy o żadnych umiejętnościach. I wtedy mają pretensje do dziecka: „Masz tyle lat i nie potrafisz tego zrobić!?" lub słynne: „A nie mówiłam!". Czyli nasza przepowiednia się sprawdza – nie dasz sobie beze mnie rady. Zginiesz.

Kobietom, z którymi pracuję, często zadaję pytanie: „Kim byś była, gdyby twoje dziecko nagle wyjechało na drugi koniec świata? Nie masz nic swojego, jesteś tylko i wyłącznie matką. Gdyby teraz odciąć ci dziecko, uszłoby z ciebie powietrze. Kompletnie byś nie funkcjonowała. Nie masz zainteresowań, znajomych, pomysłów na życie. Masz tylko dziecko, którego kurczowo się trzymasz". Stąd bierze się ten słynny syndrom pustego gniazda, kiedy matka nastolatka, który wyjeżdża na studia, stwierdza: „Już nikomu nie jestem potrzebna! Moje życie straciło sens!". Walczę o to, aby matki zrozumiały, że to nie dziecko nie poradzi sobie bez nich, że to one sobie nie radzą bez niego. Dzieciom, z którymi pracuję, odcinam pępowinę i okazuje się, że radzą sobie świetnie. A kiedy zdziwiona matka pyta: „Co zrobiłaś, że mój syn jest taki samodzielny?!", mówię: „Po prostu związałam ci ręce".

Naprawdę radzą sobie dzieci uważane za niezaradne?

Oczywiście. Dziecko rozwija się w taki sposób, że zdobywa umiejętności, eksploruje świat. Kiedy zdobywa nową umiejętność, zaczyna ją wykorzystywać. Gdy pewnemu chłopcu pokazałam, jak zapina się guzik, zapinał i odpinał guziki przy pościeli rodziców kilkadziesiąt razy, ponieważ zdobył nową umiejętność. Podobnie było z chłopcem, którego nauczyłam, czym jest przyjemność kąpieli i umiejętność mycia głowy. On podczas jednej kąpieli mył sobie głowę sześć razy! Bo zdobył nową umiejętność.

To znaczy, że wszystkie dzieci mają potrzebę zdobywania nowych umiejętności? Nawet te nieśmiałe?

Wszystkie. Tylko dla tych nieśmiałych ważniejsze są takie umiejętności, jak na przykład czytanie i pisanie albo bawienie się samemu w kąciku. Każde dziecko ma potrzebę zdobywania nowej wiedzy, ponieważ ona daje mu wolność. Dzięki niej może samo dać sobie radę. Pracowałam z dwuletnią dziewczynką, która mówiła tylko dwa słowa: „nie" i „am". Rodzice uznali, że „nie" znaczy „nie", a „am" – jestem głodna. Dziewczynka miała ataki histerii, a oni nie dawali sobie z nią rady. Ja po pół-godzinie zorientowałam się, że „am" wcale nie znaczy, że jest głodna, tylko: popatrz na mnie, weź mnie na ręce, zainteresuj się mną. A ponieważ rodzice na „am" ją karmili, robiła awantu-ry, bo nie o jedzenie chodziło. Wystarczyło, gdy krzyczała „nie", poprosić: „Pokaż, co chcesz", a ona pokazywała lalkę, książeczkę czy misia. I skończyły się awantury. Wystarczyło dać jej do ręki narzędzie, czyli po prostu zadawać pytania. Tak samo jest z róż-nymi umiejętnościami. Pokazujemy – umiesz jeść. Wiadomo, że na początku wszystko wyląduje na suficie i na podłodze, ale kon-sekwentnie powtarzamy: „Radzisz sobie świetnie!". Matki nie pozwalają, ponieważ wtedy byłyby bezużyteczne. Taka jest moja teoria. Przykra, ale prawdziwa. Spytałam ostatnio matkę trzylet-nich bliźniaków, którzy po raz pierwszy sami zasnęli: „Cieszysz się?", a ona: „Jakoś dziwnie się czuję". „Dlaczego?". „Bo mam takie poczucie, że w moim życiu skończył się pewien etap, że to już nie są maleństwa. Do tej pory byłam im potrzebna dwa-dzieścia cztery godziny na dobę, a teraz mogę im powiedzieć: chłopaki do swojego pokoju!, i nie wiem, co mam robić".

Ale skończył się jeden etap i zaczyna następny. Przecież to od niej zależy, jak sobie zagospodaruje te dwadzieścia cztery godziny. Jeśli się przyłoży, może mieć jeszcze więcej roboty.

Tylko ona nie jest na następny etap gotowa. Ona nie wie, co ma robić dalej. A co się dzieje, gdy dziecko idzie do przedszkola? Te płaczące matki, którym tłumaczę: „Odprowadzasz dziecko do przedszkola, dajesz mu buzi, mówisz pa, pa i wychodzisz".

Nie można przez godzinę odstawiać szlochów: „Jak ty sobie poradzisz?! Mamusia tak się o ciebie martwi!".

Skoro wspomniałaś o przedszkolu: jest dziecku potrzebne czy nie?

Na pewnym etapie rozwoju jest wręcz konieczne, na przykład po to, żeby dziecko miało szansę na socjalizację, żeby nauczyło się wchodzić w relacje z rówieśnikami, żeby nauczyło się, że nie jest pępkiem świata, że jest jednym z wielu. To, co dajemy dziecku w domu – mówiąc, że jest jedyne, wyjątkowe, najważniejsze, najmądrzejsze – to tak zwana domowa działka, natomiast w przedszkolu traktowane jest jako część grupy i wykonuje polecenia skierowane do wszystkich: zróbcie, pójdźcie. Człowiek jest istotą społeczną, nie jesteśmy w stanie żyć bez innych ludzi. Z jednymi jest nam dobrze, z innymi źle, ale bez nich sobie nie poradzimy. Dziecko musi nauczyć się zasad funkcjonowania, musi wyczuć, z kim na ile może sobie pozwolić. Czy jest mądrzejsze, czy głupsze, sympatyczniejsze czy nie? Musi się dużo dowiedzieć o sobie. A mamusia mu tego nie załatwi. Znam wiele dzieci, które poszły do szkoły podstawowej bez treningu przedszkolnego i to był horror. Matka buduje w dziecku pewien obraz, który bardzo często jest albo bardzo zły, albo wyidealizowany. Naprawdę nie znam zbyt wielu matek, które zbudowały w dziecku obraz obiektywny: masz wady i zalety, robisz głupie rzeczy, ale robisz też mądre. To jest albo kompletna idealizacja, albo kompletna negacja „Jesteś beznadziejny! Zupełnie jak twój ojciec!". Natomiast w grupie dziecko ma szansę zweryfikować to, czego dowiedziało się w domu. I oczywiście im później taka weryfikacja się zacznie – tym trudniej. Gdy „napompowany"

siedmiolatek, uważający się za najlepszego, najmądrzejszego, spotka w klasie dwudziestu pięciu takich samych, i będzie musiał pewne poglądy na swój temat zmienić i ustawić się w hierarchii w grupie, będzie to dla niego trudniejsze, niż byłoby, gdyby miał lat trzy czy cztery. Stąd te płacze, depresje, histerie. Niestety rodzice nie przygotowują dziecka do spotkania z grupą. Nie mówią: „Dla mnie jesteś super! Najlepszy! Ale pamiętaj, że na świecie są ludzie, którzy mogą biegać szybciej niż ty, szybciej czytać. Jeżeli chcesz być najlepszy – musisz się starać. Musisz sam o to zawalczyć". Przedszkole i szkoła dają właśnie taką szkołę życia. Ktoś zapyta: „Po co przedszkolakom taka wiedza?". Pamiętajmy, że one w przedszkolu załatwiają rzeczy na poziomie przedszkola. Ustawiają relacje w grupie – kto jest liderem, kto jest lubiany, kto nie. Badania socjotechniczne przeprowadzane w przedszkolach pokazują, kto jest gwiazdą, a kogo grupa nie akceptuje. I chociaż wychowawczyni najbardziej lubi Kasię, bo jest najmądrzejsza, badania wykażą, że Kasia wcale nie jest lubiana. Bo grupa rządzi się własnymi prawami, a mądra wychowawczyni może tylko dopilnować, aby nie było w niej dzieci odrzuconych. I bywa tak, że grupa wysuwa na lidera kogoś, kto w małej grupie czy rodzinie nigdy liderem nie był. Zawsze był outsiderem i nikt nie podejrzewał go o jakiekolwiek cechy przywódcze.

Jakoś nie chce mi się wierzyć, że dziecko, które w domu było nieśmiałe, poszło do przedszkola i zostało nieformalnym liderem grupy!

Zdarzają się takie przypadki. Dzieci bywają w domu tłamszone i tłumione przez rodziców albo przez starsze rodzeństwo. A kiedy trafiają na rówieśników, wszystkie

„ukryte" cechy mogą się ujawnić. Takie dzieci wzbudzają zdziwienie rodziców: „Moje dziecko?! To niemożliwe! Moje dziecko nigdy by się tak nie zachowało!". A inaczej dziecko funkcjonuje w domu, przy matce, ojcu, a inaczej w grupie rówieśniczej. To trochę tak, jakbym teraz zaczęła opowiadać ci, jaka jestem cudowna, wspaniała, fantastyczna i jak świetnie sobie radzę z ludźmi, a tak naprawdę może zweryfikować to tylko kontakt z innymi. I wtedy mogłabyś się zdziwić: „Mówiła, że świetnie sobie radzi, a tu nikt jej nie słucha, że świetne robi wykłady, a tu nikt na nią nie zwraca uwagi!". Każdy z nas ma pewien swój obraz i musimy skonfrontować go z lustrem, którym są inni ludzie. Bo przed lustrem w łazience możemy zagrać każdego. Tak naprawdę dopiero grupa weryfikuje to, jacy jesteśmy: czy umiem coś, czy nie umiem, czy potrafię zarządzać grupą, czy potrafię zaprzyjaźnić się z innymi ludźmi. Skąd, siedząc w domu, mogę wiedzieć, czy potrafię się z kimś zaprzyjaźnić, skoro mamusia i tatuś kochają mnie miłością bezbrzeżną?

To znaczy, że matki nie mają się co przejmować, bo może je mile zaskoczyć nawet najbardziej nieśmiałe dziecko?

Może tak być, ale nie musi. To nie jest taka prosta zależność, że skoro nieśmiałe w domu, to na pewno śmiałe poza nim. Ja tylko uczulam, że musimy obserwować dziecko i w domu i poza nim. Nie dowiemy się o dziecku wszystkiego, trzymając je pod kloszem.

Wspomniałaś, że na nieśmiałość dziecka w połowie wpływają geny, a w połowie – wychowanie. Podkreślałaś, że trzeba dziecko wypuszczać w świat. A czy mogłabyś powiedzieć, co

mają zrobić nadopiekuńcze matki, które wcześniej popełniły błędy, a teraz chcą je naprawić?

A w jakim wieku jest dziecko, o którym mówisz? Bo jeśli matka podjęła tę decyzję, gdy jej dziecko ma lat jedenaście – to teraz może sobie tylko pluć w brodę i ponosić konsekwencje swojej głupoty. Jeśli podjęła tę decyzję, gdy jej dziecko ma lat pięć albo siedem – to również ma poważny problem, bo już jest za późno. Odwaga i niezależność rozwijają się u dziecka od ósmego miesiąca. Wtedy pojawia się pierwszy, naturalny lęk przed obcym. Jeżeli matka ten okres przetrzyma, wiedząc, że jest to zachowanie normalne – nie wdrukuje dziecku lęku. Następny okres lękowy następuje około drugiego roku życia, kiedy dziecko chowa się za spódnicą matki. Z jednej strony boi się, ale z drugiej – jest ciekawe świata. Kiedy rozmawiam z matką dwulatka, która pyta, jak ma przez ten okres przejść, to mamy szansę prawidłowo go przepracować, bo tak naprawdę nie znam nieśmiałego dwulatka, ale znam już nieśmiałe czterolatki. Przypuszczam więc, że dzieci zamykają się w sobie gdzieś między drugim a trzecim rokiem życia. Na skutek wychowania.

Chociaż już rozmawiałyśmy na ten temat, myślę, że nie zaszkodzi przypomnieć: jak powinna zachowywać się matka, żeby dwuletniego dziecka nie zablokować?

Na pewno nie powinna mówić, żeby się nie bało. Sugerowałabym raczej lekkie ignorowanie tego wyglądania zza spódnicy, raczej takie zastanawianie się z dzieckiem: „Przyglądasz się? Na co tak patrzysz? Co tam jest ciekawego?". To taki moment, w którym rodzic może powiedzieć: „Przejdziemy przez to razem. Na pewno dasz radę". Bardzo ważny jest pierwszy krok.

Wiele dzieci, z którymi pracowałam, kiedy bawiliśmy się w coś, co było dla nich nowe, mówiło: „Ale mama pierwsza!". I mama wszystko robiła pierwsza: wchodziła na równoważnię, robiła przysiady. A już w następnym ćwiczeniu takiej potrzeby nie było. Bo najtrudniejszy jest pierwszy raz, z którym czasami wiąże się pewien niepokój. I rodzice powinni podać dziecku rękę, by pomóc, co nie oznacza, że mają wszystko za nie zrobić. Mają pomóc na tyle, na ile zostaną poproszeni.

Niestety (o czym już mówiłam) rodzice mają tendencję do natychmiastowego rzucania się z pomocą: „Ja ci dam, ja zrobię, ja przyniosę!". Tymczasem matki, zwłaszcza dwulatków, powinny wziąć na wstrzymanie i dziecko poobserwować: jak się zachowuje, jak wygląda zza tej spódnicy, czy patrzy z ciekawością, czy z lękiem. Nie wyprzedzajmy problemu. Dziecko się czemuś przygląda, a my pytamy: „Boisz się?". A ono po prostu jest zaciekawione. Dziecko boi się mniej, niż nam się wydaje. Wiem, że jeśli się przewróci, może się wystraszyć, że znowu tak się stanie (w związku z tym na przykład nie chce biegać), ale z drugiej strony, jeśli rodzice ten upadek zbagatelizują, to dziecko wstanie i pobiegnie dalej. To przecież dorośli nadają znaczenie, krzycząc: „Boże, rozbijesz sobie głowę! Uważaj, bo się zabijesz!". Tak samo jak nadajemy znaczenie słowom. Jeśli dziecko używa brzydkiego słowa, matka załamuje ręce i mówi sto razy: „Nie mów tak!", to ma sto procent gwarancji, że w sytuacji gdy dziecko będzie chciało zwrócić na siebie uwagę, użyje właśnie tego słowa. Jeżeli natomiast tego nie skomentuje, nie zwróci uwagi, dziecko o tym słowie zapomni. Nadajemy też znaczenie płaczowi dziecka. Kiedy dziecko się przewróci, patrzy, czy matka to widzi, czy nie. Bo jeśli widzi – to trzeba ryczeć, a jeśli nie – można się podnieść i pójść dalej. To klasyka. Gdy dziecko zostaje z babcią lub z nianią – jest grzeczne, a gdy pojawia się matka, to jakby diabeł w nie wstąpił. Wie, że może sobie na wiele rzeczy pozwolić, ponieważ matka nadała ich relacji konkretne znaczenie.

Skoro dziecko zupełnie inaczej zachowuje się, gdy nie ma przy nim matki – potrafi się bawić, jest samodzielne – może warto je jak najczęściej podrzucać w różne miejsca?

Nie chciałabym, żeby matki, jak te kukułki, podrzucały dzieci gdziekolwiek, ponieważ istotą macierzyństwa jest praca nad sobą. Ale na pewno przed przedszkolem dziecko taki trening powinno przejść.

Mówiłam już, że rodzic musi zbudować dziecku tunel, w którym będzie się czuło bezpiecznie. Tylko musi pamiętać, że dziecku rosną skrzydła, w związku z czym tunel powinien się rozszerzać. Nie może być tak, że zasady ustalone w stosunku do pięciolatka nie zmieniły się, chociaż dziecko ma już lat piętnaście.

Czy możesz w takim razie powiedzieć, jaką swobodę powinno mieć dziecko dwuletnie, trzyletnie, siedmioletnie?

Pytasz o umiejętności typu zapinanie guzików, nawlekanie igły? Takie informacje znajdziesz w każdym poradniku dla rodziców, w każdym kobiecym piśmie. Ja nie przepadam za tego typu porządkowaniem, dlatego że dzieci rozwijają się indywidualnie i w związku z tym w różnym tempie nabierają umiejętności. Dla mnie najważniejsze jest, że powinniśmy podążać za dzieckiem, pozwalać mu na coś wtedy, kiedy jest na to gotowe. Jest taki okres w życiu dziecka, gdy mówi: „Ja sam!", i wtedy należy mu na tę samodzielność pozwolić. U jednego dziecka następuje on w wieku lat dwóch, u innego – trzech.

Niestety wiele matek nie akceptuje zmian, które przychodzą wraz z rozwojem, na przykład: nie stał na jednej nodze, a teraz stoi. Martwią się, zamiast cieszyć, że dziecko zdobyło nowe umiejętności. Bo jak stoi na jednej nodze, to może się przewrócić. A jakie będzie nieszczęście, jak się nauczy zapinać guziki! Może na przykład ni stąd, ni zowąd się rozebrać, tak jak zrobił chłopiec, którego, kiedy miał siedem lat, nauczyłam rozpinać i zapinać guziki. Dumny z nowo nabytej umiejętności rozebrał się w szkole do naga. Dziecko, które się czegoś nauczy, chce to zademonstrować. Jeśli przychodzi do cioci i mówi dupa – to po prostu chwali się, że używa takiego samego słowa jak dorosły.

Wracając do twojego pytania. Chociaż jestem daleka od tego, by mówić, co dziecko powinno, oczywiście są pewne umiejętności, które w określonym wieku dziecko powinno opanować. Na pewno dziecko dwuletnie powinno już umieć korzystać z nocnika. Powinno wiedzieć, że się myje zęby, powinno umieć zasypiać. Większość umiejętności dziecko powinno opanować do trzeciego roku życia (posługiwanie się sztućcami, trzymanie ołówka, spanie we własnym łóżku), a umiejętności związane z edukacją (pisanie, czytanie) zdobywa później.

Problem pojawią się wtedy, gdy matka nie jest w stanie stwierdzić, czy jej dziecko coś potrafi, czy nie, ponieważ nigdy nie dała mu szansy. Uznała, że i tak tego nie zrobi lub że na tę umiejętność jeszcze za wcześnie. Dziecko wysyła jednoznaczne sygnały, mówi: „Ja sam, nie chcę, zostaw!", złości się i awanturuje, a matka nie rozumie, że jest to prosta konsekwencja jej zachowania. Ona je ubiera, a ono się rozbiera, albo nie da sobie założyć buta, wścieka się, kopie. Tłumaczę: „Przecież ono wyraźnie daje znak, że chce to zrobić samo. To nie jest złośliwość w stosunku do ciebie. Daj mu ten but założyć, a kiedy sobie nie poradzi, powie: nie umiem, wtedy możesz mu pomóc". Kiedy daje się dziecku

taką szansę, ono natychmiast chwyta i okazuje się, że potrafi założyć buty, potrafi się ubrać, rozebrać, zjeść, zrobić siku,
kupę i milion innych rzeczy. Być może na początku zrobi coś źle,
być może zapnie koszulkę na guzik wyżej. Jaki w tym problem?
Zwróćmy mu uwagę, pokażmy przed lustrem, że jest nierów-
no. Założy buty nie na te nogi? Zaproponuj, by zrobił dziesięć
kroków i spytaj, czy jest mu wygodnie. A jeśli powie, że nie, wytłumacz, że to dlatego, że je założył odwrotnie.
Dlaczego nie zwracamy uwagi na sygnały, które dziecko
wysyła? Dla mnie oznacza to brak szacunku, a z drugiej
strony – brak wiedzy, ponieważ nikt nas tego nie uczy. Znowu nawiążę do psów. Dostałam książkę, która tłumaczy, jak
zachowuje się pies, który chce nam coś powiedzieć. Okazuje
się, że jeden zawarczy w momencie gdy do niego podchodzisz,
a drugi – gdy na niego spojrzysz. To, czy jest zdenerwowany, czy
nie, zależy nie tylko od tego, czy jest łagodny, czy agresywny, ale
także od tego, co wydarzyło się w jego psim życiu w ciągu dnia.
Nadmiar bodźców zawsze spowoduje, że przysłowiowa czara
się przepełni. Człowiek zachowuje się podobnie. Wszystko, co
nam się przydarza, niestety się sumuje. W pracy pokłóciłaś się
z szefem, sąsiad zalał ci mieszkanie, dziecko się rozchorowało,
a na dodatek przyszedł administrator domu z kwitem, że nie
zapłaciłaś ostatniego rachunku. Coś w nas pęka i wybuchamy.
I w taki sam sposób reaguje dziecko.

**Poproszę o konkret. Moje dziecko chce samo iść do przed-
szkola. Mieszkam trzy domy dalej, po tej samej stronie ulicy.**

Są pewne zasady, którym musimy się podporządkować. Jedna
z nich mówi, że do dwunastego roku życia dziecko nie może
przebywać na ulicy bez opiekuna. Nie musi być trzymane za

rękę, ale każdy rodzic ma obowiązek odprowadzać dziecko do przedszkola. Jeśli dziecko chce do przedszkola chodzić samo, trzeba mu wytłumaczyć, że chętnie by się mu dało buzi i jeszcze poleżało w łóżeczku, ale niestety się nie może, bo obowiązkiem mamy jest odprowadzić dziecko. To nie podlega negocjacjom. Możemy negocjować, czy chce buraczki, żółtą czy niebieską bluzkę, ale nie to, czy może przechodzić na czerwonym świetle, kiedy nie jedzie żaden samochód. Tak samo nie negocjujemy jazdy bez zapiętych pasów czy picia piwa poniżej pewnego wieku. Są rzeczy odgórnie ustanowione i trzeba dziecko nauczyć, że tak po prostu jest.

W takim razie, skoro przykład z przedszkolem nie był najlepszy, odnieśmy moje pytanie do szkoły podstawowej. W której klasie dziecko może samo iść do szkoły, jeżeli znajduje się ona bardzo blisko domu?

To zależy od dziecka, od naszej relacji, od zaufania. Myślę, że trzecia klasa może być początkiem podejmowania takich prób. Mówimy: „Idziesz do szkoły i wracasz prosto do domu". I oczywiście kontrolujemy, idąc za nim drugą stroną ulicy lub, jeśli jest taka możliwość, obserwując z okna przez lornetkę. Zgadzamy się, by dziecko poszło na podwórko czy do kolegi, dajemy zegarek, pokazujemy, o której godzinie ma wrócić. Jeżeli się sprawdza, pozwalamy na coraz więcej. Tak naprawdę są to ćwiczenia, które uczą punktualności i odpowiedzialności i niezbędne do prawidłowego rozwoju każdego dziecka. Na zaufanie rodziców dziecko musi zapracować. Nie może być tak, że jest niesłowne i kompletnie beztroskie, do tej pory wisiało przy spódnicy, a tu nagle wpadło na pomysł, że chce samo iść do sklepu, i my dla świętego spokoju na to pozwalamy. I wraca nie po półgodzinie tylko po pięciu, bo poszło po drodze pograć z kolegami w piłkę. A my w tym czasie osiwiałyśmy ze zmartwienia.

Czy na temat samodzielności powiedziałaś już wszystko?

Chcę jeszcze powiedzieć o partnerze. Mam świadomość, że sporo kobiet się ze mną nie zgadza, ale ja z uporem będę powtarzać, że skoro dziecko powstało przy współudziale tatusia i mamusi, obydwoje mają je wychowywać. Mężczyźni na ogół zachowują zdrowy rozsądek i tłumaczą przewrażliwionej kobiecie: „Pozwól mu. Daj mu spróbować". I jakoś tak się składa, że przy ojcach dzieci potrafią robić to, czego jeszcze przed chwilą nie umiały zrobić przy matce. Dlaczego przy nich wchodzą na drabinę o dwa szczeble wyżej? Bo nie muszą się bać.
Wiesz, czego mi brakuje? Żeby facet stawiał kobietę do pionu. Żeby z jednej strony nią potrząsnął, ale też dał jej wsparcie. Powiedział: „Kochanie, nasze dziecko jest tak samo mądre jak ty i na pewno da sobie radę. Uwierz w nie. Odważ się i zaufaj".
Najważniejszym celem rodzicielstwa jest przygotowanie dziecka do samodzielnego życia, do tego, by po opuszczeniu rodzinnego gniazda mogło swobodnie poszybować. A żeby w pełni mogło to zrobić, musimy pokazać mu, że umie latać, że wszystko mu świetnie wychodzi, że sobie poradzi. I że świat nie jest zagrożeniem, że jest bezpieczny. Ale to od nas, rodziców, zależy, jak dziecko będzie się w nim czuło. Postarajmy się, żeby jak najlepiej.